Mini-Teiche für Balkon und Terrasse

Valerie Oldag / Max Kirschner

Mini-Teiche für Balkon und Terrasse

Neue Gestaltungsideen für kleinsten Raum

AUGUSTUS

Miniteiche in verschiedenen Gefäßen sind interessante Gestaltungsmittel für Garten, Terrasse und Balkon, an sonnigen wie schattigen, vor allem aber windgeschützten Standorten.

Planung und Vorbereitung

Wasser ist ein faszinierendes Element und wirkt belebend – nicht nur, weil es zahlreiche Pflanzen und Tiere beherbergt. Vor allem in der Umgebung unseres Wohnbereichs ziehen Teiche oder gar Bachläufe die Aufmerksamkeit auf sich und können ansonsten vernachlässigte Bereiche immens aufwerten. Um dies zu nutzen, muß man aber nicht unbedingt Besitzer eines parkähnlichen Grundstücks sein. Wassergärten gibt es in allen Größen. Sogar auf kleinstem Raum, in einem

Reihenhausgarten, auf der Terrasse oder auf dem Balkon, kann man in einem geeigneten Gefäß einen Miniaturteich anlegen. Selbstverständlich ist nur ein Teil der Wasserpflanzen für solche Kleinstanlagen geeignet und muß entsprechend ausgewählt werden. Auch sonst gelten in einem Faß, einer Schale oder einer Mörtelwanne andere Gesetzmäßigkeiten als in einem „richtigen" Teich. Zum Beispiel wird hier kein dauerhaftes biologisches Gleichgewicht entstehen.
Wer sich über diese Vorgaben im klaren ist, der kann viel Freude haben mit seinem Miniteich. Damit läßt

sich der Traum von einem Wassergarten auch viel schneller realisieren, weil einfacher bauen und finanzieren.

Standort

Ein Standort **in der Nähe des Hauses oder eines Sitzplatzes** hat den Vorteil, daß man dann das Leben im und am Wasser ganz aus der Nähe beobachten kann. Gleichzeitig läßt sich mit dem Miniteich auf dem Balkon, auf der Terrasse oder im Dachgarten ein attraktiver Blickfang gestalten. Allerdings darf man dabei nicht übersehen, daß Wasser **Kinder** fast magisch anzieht und besonders für die Kleinsten eine Gefahrenquelle darstellt. Wer selbst noch krabbelnden Nachwuchs hat oder häufig mit solchen Besuchern rechnen muß, der sollte auf tiefe, insbesondere bodenebene Gefäße verzichten. Die meisten Wasserpflanzen brauchen viel Licht: Sie entfalten ihre volle Pracht erst bei einer Sonneneinstrahlung von etwa sechs Stunden pro Tag. Deshalb wären **sonnige, windgeschützte Standorte** grundsätzlich zu bevorzugen. Kleine Wasserbehälter allerdings sind in praller Sonne gleichzeitig gefährdet: Eine geringe Wassermenge erwärmt sich sehr schnell, insbesondere in dunklen Gefäßen. In einer solch warmen Brühe vermehren sich die Algen explosionsartig, und dies geht mit einer Verminderung des Sauerstoffgehalts einher. Fische könnten unter solchen Bedingungen nicht lange überleben. Dieser unerwünschten Aufheizung läßt sich ein wenig entgegenwirken, indem man die Wasseroberfläche durch Blätter schattieren läßt. Das erreicht man mit Hilfe von Schwimmpflanzen (z. B. Muschelblume, Feenmoos) oder Arten mit schwimmen-

den Blättern wie den Seerosen.
An **schattigen Standorten** bleiben die Pflanzen von der Hitze unbehelligt. Bei ausreichend großem Gefäß kann man Fische einsetzen. Die Algen werden sich hier nicht so heftig vermehren. Allerdings bleibt auch die Blütenpracht begrenzt. Seerosen zum Beispiel kommen hier kaum zum Blühen. Unter solchen Bedingungen sollte man vor allem auf die vielfältigen Blattformen setzen, wie sie Tannenwedel, Froschlöffel oder die verschieden gefärbten Gräser repräsentieren. Blutweiderich und Sumpfdotterblume gehören zu den wenigen Arten, die auch im Schatten fleißig blühen.

Pflanzgefäße

Bei der Auswahl des geeigneten Behälters für den Wassergarten sind dessen Größe und Gewicht sowie die entstehenden Kosten zu bedenken, was in erster Linie vom Material abhängt. Ansonsten sind der Phantasie kaum Grenzen gesetzt. Wasserpflanzen gedeihen zum Beispiel in einem Steintrog, in einer Mörtelwanne, in einem Waschzuber oder in einem ausgedienten Aquarium.
Im Vorfeld muß geklärt werden, ob das Gefäß auf Balkon beziehungsweise Terrasse frei stehen oder im Boden eingegraben werden soll. Freistehende Behälter sollten natürlich auch

Selbst aus einer alten Zink-Badewanne läßt sich mit etwas Phantasie ein kleiner Wassergarten gestalten.

Seerosen und die meisten anderen Wasserpflanzen nicht gedeihen. Ganz abgesehen von den Luftverschmutzungen, die vom Dach in die Tonne gespült werden.

Kunststoffgefäße

Gefäße aus Kunststoff sind sehr haltbar und überste-

Dieser Kübel ist tief genug, um kleinen Seerosen und anderen Schwimmpflanzen eine Heimat zu bieten.

einen gewissen Zierwert aufweisen. Bei den zu versenkenden kommt es eigentlich nur darauf an, daß sie ausreichend Platz bieten und dicht sind. Gefäße, die nicht von vornherein hundertprozentig dicht sind, können mit Teichfolie oder anderen Materialien abgedichtet werden.

Je größer das Behältnis, desto besser gedeihen die Pflanzen. Eine alte Badewanne oder ein großes Holzfaß ermöglichen eine vielseitigere Gestaltung als eine flache Schale. Letztere wird am besten für ein Sumpfbecken verwendet. Wer dagegen einen richtigen kleinen Teich haben möchte, braucht ein Gefäß

von mindestens 25 cm Tiefe.

Wenn der Miniatur-Wassergarten im Freien überwintern soll, muß das Material ausreichend frostbeständig sein. Umgekehrt kann ein bereits vorhandenes Gefäß nur entsprechend seiner Eigenschaften genutzt werden. Gefäße aus Kupfer, Eisen oder Zink müssen mit einer Schutzschicht versehen sein. Wenn sie nämlich rosten, können pflanzenschädliche Substanzen in das Wasser geraten. Notfalls ist ein unschädlicher Anstrich zu verabreichen.

Die Regentonne kann leider nicht zu einem Miniteich veredelt werden. Denn unter den herunterstürzenden Wassermengen könnten

TIP!

Achten Sie beim Eingraben darauf, daß die Grube etwas größer angelegt werden muß als der zu versenkende Fertigteich. Dazu markiert man zunächst die Außenform und gräbt in der erforderlichen Tiefe aus. Der Boden wird am besten mit Sand ausgekleidet. Damit der Rand gleichmäßig und vor allem waagrecht mit der Erdoberfläche abschließt, sollte man eine Wasserwaage zu Hilfe nehmen. Ansonsten läuft der Teich immer an einer Stelle über. Erst am Schluß werden auch die Zwischenräume mit Sand eingeschlämmt. Den sichtbaren Rand kann man mit Wegplatten oder Rasensoden überdecken.

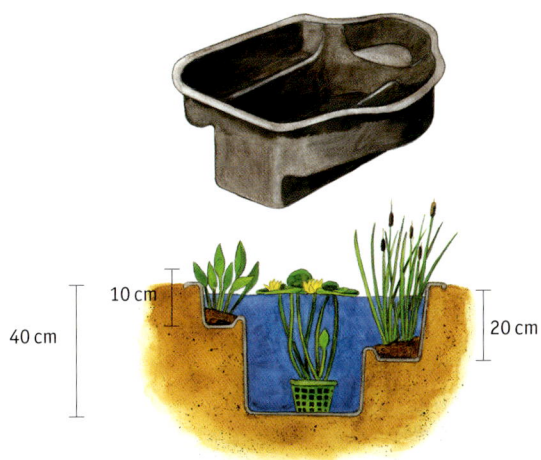

*Ein vorgefertigtes Kunststoffgefäß bietet verschiedene
Pflanzstufen. Es wird in eine Sandschicht verlegt.*

Die Pflanztiefen werden bereits beim Ausgraben festgelegt. Eine Gesamttiefe von 60 cm genügt in der Regel vollkommen, damit der Untergrund angesichts der kleinen Fläche nicht zu steil abfällt. Dazwischen sollte man unbedingt ein bis zwei weitere Stufen einbauen, um Wasserpflanzen mit verschiedenen Ansprüchen einsetzen zu können.

Die Folie muß locker verlegt werden, so daß sie Falten schlägt. Am Rand läßt man 20 cm Folie überstehen, versenkt diese in der Erde und zieht die Kante wieder an die Oberfläche. Einen unschönen Rand kann man hier ebenfalls mit Steinen oder Rasensoden bedecken.

hen den Frost besser als die meisten anderen Materialien, weil sie flexibel sind. Andererseits sind sie in der Regel nicht sehr hübsch. Deshalb werden sie bevorzugt zum Einsenken verwendet. Speziell für diesen Zweck vorgesehen sind Fertigteiche. Mit ihren zum Teil geschwungenen Formen und den unterschiedlich tiefen Pflanzstufen bieten sie optimale Voraussetzungen, kosten aber auch etwas mehr.

Folienteiche

Mit Kunststoffolie läßt sich ein erdebener Wassergarten völlig frei gestalten. Man verwendet dazu Teichfolie von mindestens 0,5 bis 0,8 mm Stärke. Für einen Miniteich genügen wenige Quadratmeter.

*Auch mittels Folie lassen sich kleine Teichflächen anlegen,
mit Wasserständen für unterschiedliche Ansprüche.*

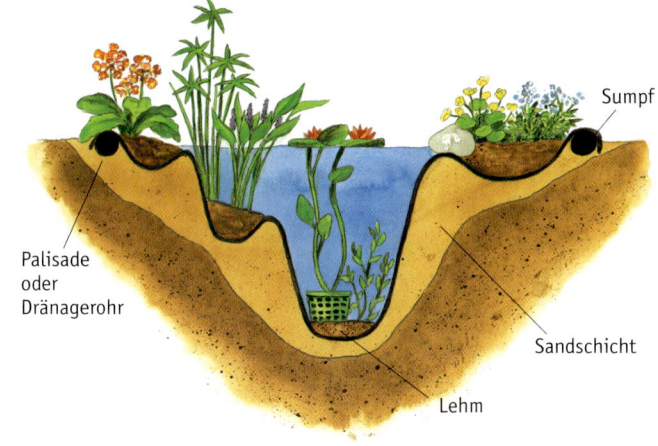

Ein gemauertes Becken hebt die Wasseroberfläche auf die Höhe des Sitzplatzes und erleichtert dadurch die Beobachtung.

von der Stelle bewegen. Aufgrund der in der Regel senkrechten Wände sind sie außerdem gegen Frost anfällig und bekommen leicht Risse. In solchen Fällen muß man das Gefäß ausräumen und neu abdichten. Am billigsten sind Betonringe. Es gibt sie in verschiedenen Durchmessern und Höhen im Baustoffhandel. Der Boden ist in Eigenarbeit mit einer etwa 15 bis 20 cm starken Betonschicht abzudichten. Abschließend sollte man den Behälter mit einer essigsauren Lösung auswaschen, um Kalkreste zu entfernen.

Wer dieser Abdichtung nicht traut und gleichzeitig Frostrissen vorbeugen will, kann zusätzlich Folie in die Betonringe einlegen. Dadurch werden auch die Übergänge zwischen den aufeinander geschichteten Ringen abgedichtet. Mit Hilfe sogenannter Flüssigfolie läßt sich die Folie sogar festkleben.

Auch die Betonkübel aus dem Gartencenter müssen oft noch abgedichtet werden, weil sie über ein Abflußloch verfügen. Schnellzement eignet sich dazu wesentlich besser als Silikon.

Betongefäße

Betongefäße sind im allgemeinen sehr haltbar. Auch wenn das klobige Material zunächst nicht mit idyllischen kleinen Teichen in Verbindung gebracht wird: Es läßt sich auch für diesen Zweck einsetzen. Für den Balkon sind die schweren Konstruktionen allerdings nicht geeignet.
In den Gartencentern gibt es kleine Gefäße aus gegossenem Beton. Häufiger jedoch werden Betonkübel oder -ringe für Wassergärten verwendet. Sie sind leicht anzulegen, lassen sich aber dann kaum mehr

Einfach und preisgünstig ist die Bauweise mit Betonringen. Sie können mit Folie zusätzlich abgedichtet werden.

Steintröge

Da Steintröge aus der Natur gewonnen werden, sind Formen, Größen und Farben äußerst vielfältig. Je nach Geschmack kann man im Fachhandel fündig werden. Gemeinsam ist ihnen das hohe Gewicht, wodurch sowohl die Größe als auch die Verwendung eine natürliche Grenze finden. Die meist flachen Gefäße eignen sich bevorzugt für Sumpfbeete. Gelegentlich muß man – wie soeben bei Betonkübeln beschrieben – ein Abzugsloch abdichten.

Keramikgefäße

Gefäße aus kunstvoll gestalteter Keramik eignen sich besonders gut zum freien Aufstellen auf Balkon oder Terrasse. Hier kommt also nicht nur die Bepflanzung zur Wirkung, sondern auch der Behälter selbst. Damit er nicht ständig Wasser verliert, muß er innen oder außen glasiert sein. Im Winter müssen Gefäße und Bepflanzung ins Haus geholt werden, weil sie nicht frostfest sind. Leider bleibt meist die Größe dieser Gefäße ein beschränkender Faktor. So muß man sich in der Regel mit Pflanzen für flachen

Schöne Keramikgefäße sind auch dann eine Zierde, wenn die Bepflanzung nicht Hochsaison hat.

Wasserstand begnügen, manchmal sogar nur mit einem Sumpf.

Glasgefäße

Auch ein altes Aquarium läßt sich zu einem kleinen Wassergarten umfunktionieren. Dazu füllt man es etwa zur Hälfte mit geeignetem Substrat. Allerdings ist zu beachten, daß Glas keinerlei Frost verträgt, weil die Wände von gefrorenem Wasser leicht gesprengt werden. Ein Aquarium muß also in jedem Fall im Winter ausgeleert oder frostsicher aufgestellt werden. Gleiches gilt natürlich für Kugeln oder andere große Gefäße aus Glas. In der Regel können diese nur mit einzelnen kleinen Arten bepflanzt und mit anderen Gefäßen kombiniert werden.

Holzgefäße

Das Naturmaterial Holz fügt sich harmonisch in fast jede Gestaltung ein. Am häufigsten sieht man halbierte Fässer, die in verschiedenen Größen, ganz oder bereits halbiert, neu oder gebraucht bei speziellen Händlern angeboten werden. Wer sein Faß selbst halbieren muß, sollte den Schnitt knapp über dem Eisenband ansetzen.

Auch wenn Fässer in der Regel zur Aufbewahrung von Flüssigkeiten angefertigt sind, empfiehlt es sich zu überprüfen, ob sie auch wirklich dicht sind. Gerade auf dem Balkon gibt es sonst unliebsame Überraschungen.

Wie man weiß, ist Holz nicht völlig witterungsbeständig. Außen kann man es zur Not mit einem Holzschutzmittel behandeln, das aber nach dem Ausdampfen für Pflanzen und Tiere unschädlich sein muß.

Da der Boden bei Erdkontakt als erstes modert, sollte man ein Holzgefäß immer auf eine 10 bis 20 cm starke Schicht aus Kies stellen, damit das Wasser ablaufen kann. Zum Eingraben eignet sich Holz überhaupt nicht.

Gebrauchte Holzfässer müssen vor Inbetriebnahme eines Wassergartens gründlich gereinigt werden. Man kann nie wissen, ob Rückstände des vorherigen Inhalts den Wasserpflanzen schaden können. Dazu wird das Innere mehrfach mit heißem Wasser und Kernseife ausgespült sowie zumindest ein weiteres Mal nur mit Wasser, um auch das Reinigungsmittel wieder zu entfernen.

Die Einlage von Teichfolie empfiehlt sich nicht nur bei undichten, sondern auch bei stark verschmutzten Holzfässern. Die Folie muß großzügig an Boden und Wänden anliegen, damit sie beim Einfüllen des Wassers nicht nachgibt. Oberhalb des Wasserspiegels wird sie mit Hilfe eines Bandes festgenagelt. Weil dünnere Folien flexibler sind, ist eine Stärke von lediglich 0,5 mm zu bevorzugen. Eine etwas rustikalere Version des Wassergartens kann mit einem ausgehöhlten Baumstamm gestaltet werden. Sogar aus einem ausgedienten Sandkasten läßt sich ein kleiner Teich bauen (siehe S. 39). Um einen tieferen Wasserstand zu erzielen, kann man Teile des Erdreichs ausheben. Wenn man ihn lediglich mit Folie auskleidet, entsteht ein flaches Sumpfbiotop.

Wasser und Substrat

Grundsätzlich ist zum Befüllen eines Miniteiches Leitungswasser zu bevorzugen, auch wenn es oft einen hohen Kalkgehalt aufweist. Aber die Neigung zu einem neutralen bis basischen **pH-Wert** vertragen die meisten Pflanzen besser als den Säuregehalt, den das Regenwasser oft aufweist. Nur die Moorbeet-

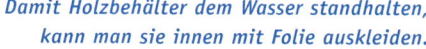

Damit Holzbehälter dem Wasser standhalten, kann man sie innen mit Folie auskleiden.

pflanzen bevorzugen saures Milieu. Ansonsten ist der Bereich um pH 7 optimal. Zu hohe Werte können durch Einlegen eines Torfsäckchens oder durch Einmischen von Torf in die Erde korrigiert werden. Bedingt durch die Verdunstung muß ein Miniteich vor allem bei sonniger Witterung öfter aufgefüllt werden. Daher sollte sich möglichst ein **Wasseranschluß** in verfügbarer Nähe befinden, wenn nicht alles in Handarbeit herbeigeschleppt werden soll. Um die Gefäße gelegentlich entleeren zu können, wäre außerdem eine Abflußmöglichkeit sinnvoll.

Eine nicht weniger wichtige Rolle für das Gedeihen der Pflanzen spielt das Wurzelsubstrat. In der Natur findet man (zumindest in Süddeutschland) häufig Lehm als Untergrund der Gewässer. Er hat die günstige Eigenschaft, daß er schwer ist, deshalb nicht aufschwimmt und den Pflanzenwurzeln sicheren Halt bietet. Außerdem enthält er in der Regel wie gewünscht wenig Nährstoffe. Eventuell kann man etwas Torf hinzumischen. Am einfachsten wäre es, wenn Sie sich von lehmhaltigen Böden ihrer Umgebung bedienen könnten. Ersatzweise ist auch jede magere, ungedüngte Gartenerde geeignet. Wenn diese auch nicht zur Verfügung steht, muß man auf fertige Teicherde zurückgreifen, wie sie in den Gartencentern angeboten wird. Sand ist für unsere Zwecke weniger zu empfehlen. Lediglich in einer Mischung mit Lehm oder magerem Gartenboden ist Sand für den Teich akzeptabel. Ungemischt ist er anfangs zu leicht und schwimmt auf, während er nach einiger Zeit unter Wasser ziemlich hart wird.

Sumpf- und Moorbeet

Der Sumpf sollte zwar ständig feucht sein, aber normalerweise steht das Wasser nicht höher als das Substrat. Für solch ein Beet eignet sich neben den zuvor genannten Substraten auch eine vollständig zersetzte und möglichst ungedüngte Blumenerde aus dem Fachhandel.

Das Moorbeet unterscheidet sich vom Sumpfbeet durch den deutlich saueren pH-Wert. Ein Wert um 5 läßt sich durch die Verwendung von magerem Torf erreichen, zum Beispiel Niedermoortorf oder Rindenhumus

Leitungswasser genügt meist zum Füllen des Miniteichs.

("Azaleenerde"). Natürlich sollte für dieses Beet konsequenterweise Regenwasser gesammelt werden, anstatt des möglicherweise stark kalkhaltigen Leitungswassers.

Zur Dekoration eines Moorbeets darf kein Kalkgestein verwendet werden, weil es den pH-Wert in die falsche Richtung lenkt. Aus demselben Grund sollte man keinen direkten Kontakt zu einem Betongefäß zulassen, denn auch dieses Material setzt im Laufe der Zeit Kalk frei.

Eines der wichtigsten Kriterien bei der Pflanzenauswahl ist der Wasserstand. Japanische Sumpfiris und Hechtkraut treffen sich hier zwischen 5 und 20 cm Tiefe.

Pflanzen-
auswahl

Je kleiner die verfügbare Fläche, desto genauer sind die Formen der einzelnen Pflanzen zu beachten, damit eine harmonische Situation entsteht. Aber zuerst ist bei der Zusammenstellung zu bedenken, welche Arten mit den jeweiligen Bedingungen zurechtkommen, die hauptsächlich durch Wasserstand, Besonnung und Überwinterung festgelegt sind. Natürlich ist im Miniteich den klein bleibenden und

schwachwüchsigen Arten der Vorzug zu geben. Hinsichtlich des Wasserstands verfügen die meisten Wasserpflanzen über einen gewissen Spielraum. Eine flachere Pflanzung überstehen sie auf jeden Fall besser, als wenn man sie zu tief setzt.
Wenn das Gefäß nicht ins Haus getragen werden kann, sind winterharte Arten zu bevorzugen. Frostempfindliche Pflanzen müßte man einzeln in Sicherheit bringen. Außerdem wird das geringe Wasservolumen der kleinen

Behälter in der Sonne relativ rasch aufgeheizt. Deshalb müssen Pflanzen verwendet werden, die mit hohen Wassertemperaturen und starken Schwankungen zurechtkommen.
Zum Zeitpunkt des Einkaufs ist wichtig, daß die Pflanzen gesund und kräftig sind. Entnahmen vom Naturstandort sind nicht zu empfehlen: Erstens stehen zahlreiche Arten der Feuchtgebiete unter gesetzlichem Schutz. Zweitens gedeihen solche Pflanzen unter den Bedingungen der „Gefangenschaft" nur selten.

Die größeren Seerosen-Sorten bevorzugen eine Wassertiefe zwischen 20 und 50 cm und Einzelstand.

Seerosen

Die Königin des Wassergartens läßt sich auch im Miniteich zur Blüte bringen, wenn man ihre Ansprüche kennt. Bei den Sorten, die aufgrund ihres Wuchses hierfür geeignet sind, bleiben allerdings in der Regel auch die Blüten etwas kleiner.

Wichtig ist, daß der Wurzelstock dieser Seerosen frostsicher überwintert wird. In größeren Behältern setzt man ihn dazu am besten in einen Gitterkorb (siehe S. 47). Während der Ruhephase ziehen sich die Lebenskräfte in einige Unterwasserblätter zurück.

Das geschieht auch ohne dauerhaft frostige Temperaturen. Im Frühjahr braucht die Pflanze dann wieder

eine gewisse Anlaufzeit. Im ersten Jahr wird die Seerose eher dürftig blühen. Jede Einzelblüte öffnet höchstens vier Tage lang ihren Kelch.

Seerosen unter 20 cm Wasserstand

Die kleinste Seerosen-Sorte kommt sogar mit einem Wasserstand von 10 cm zurecht: Die weißen Blütchen von *Nymphaea tetragona* werden nur 2 bis 3 cm groß. Mit diesen Eigenschaften kann sie sogar in einer kleinen Schale auf dem Tisch bezaubern, ebenso wie *N. pygmaea* 'Rubra'. Ihre rosafarbenen Blüten allerdings weisen bereits 5 bis 6 cm Durchmesser auf.

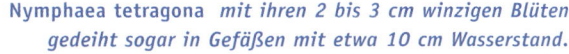

Nymphaea tetragona mit ihren 2 bis 3 cm winzigen Blüten gedeiht sogar in Gefäßen mit etwa 10 cm Wasserstand.

Die zierliche *N. pygmaea* 'Helvola' hat gepunktete Blätter und zahlreiche gelbe Blüten.
Schließlich eignen sich die weißblühenden Sorten *N. odorata* 'Minor' und *N. candida* für flache Gefäße. Die Blüten der letztgenannten ragen etwas über die Wasseroberfläche. Sie verträgt leichten Schatten besser als eine zu starke Erhitzung.

Eine gelbblühende Sorte mit gepunkteten Blättern für niedrigen Wasserstand: **Nymphaea pygmaea 'Helvola'.**

Obwohl die Blüten schon 5 bis 6 cm groß sind, genügen auch für **Nymphaea pygmaea 'Rubra'** *kleine Gefäße.*

Seerosen für 20 bis 50 cm Wasserstand

Die Laydekeri-Hybriden sind Zwergseerosen, die nur wenig und kleines Laub ausbilden. Dafür blühen sie umso reicher. Die rosa Blüten von 'Laydekeri lilacea' nehmen schließlich eine dunklere Färbung an. Bei

'Laydekeri purpurata' sind die karmesinroten Blüten weiß gefleckt. 'Madame Laydeker' und 'Maurice Laydeker' zeigen beim Blühen rosafarbene bis rote Töne. Einige Sorten wechseln ihren Farbton während der

Tage zwischen dem ersten Aufblühen und dem Abtauchen. Diese Sorten werden „Chamäleons" genannt. 'Chrysantha' zum Beispiel ändert ihre Farbe von gelb über aprikosenfarbig bis rot. Die gefleckten Blätter

'Indiana' gehört zu den „Chamäleons": Ihre Blüten verfärben sich von Rosarot nach Gelborange.

'James Brydon' ist eine der bekanntesten Seerosen, die ihre Blüten auch noch im Halbschatten zur Schau stellt.

bilden zusätzlich einen hübschen Kontrast. Auch bei 'Sioux' sind die Blätter braun getupft, die anfangs gelbrosa Blüten werden zum Schluß hell kupferrot. Bei 'Indiana' verfärben sich die zahlreichen Blüten von Rosarot nach Orangerot, 'Aurora' wechselt von Gelborange über Rosa nach Dunkelrot.
Die Neuzüchtung 'Walter Pagels' ist ein sogenannter Halbzwerg. Seine größeren, weißen, gefüllten Blüten erscheinen reichlich und erheben sich über die Wasseroberfläche. Die Pflanze ist weniger wüchsig als viele andere weiße Sorten. 'James Brydon' gehört zu den populärsten Seerosensorten. Sie öffnet fleißig ihre gefüllten karminroten

Blüten, sogar im Halbschatten. Als Wasserstand sind mindestens 25 cm vorzusehen.
Ähnliche Attribute kann 'Froebelii' aufweisen. Ihre zahlreichen, kräftig roten Blütenkelche erheben sich

knapp über die Wasserfläche und öffnen sich sogar an Tagen mit Bewölkung. Sie bevorzugt Bereiche zwischen 30 und 50 cm.
Die noch junge Züchtung 'Berthold' bringt hellrosa Blüten hervor und ähnelt ansonsten 'Froebelii'.
'William Falconer' braucht mindestens 30 cm Wasserstand. Seine rubinroten Blüten erscheinen zwischen den ebenfalls rot gefleckten Blättern.
Die duftenden, hell- bis dunkelroten Blüten von 'Gloriosa' werden größer als die der anderen Halbzwerge. Allerdings breitet sie sich auch kräftiger aus. Deshalb eignet sie sich eher für größere Gefäße, auch noch im Halbschatten.

Anders als bei den meisten anderen Sorten öffnen sich die Blüten von 'Froebelii' sogar an bewölkten Tagen.

Seerosen für flachen und tiefen Wasserstand

	Blütenfarbe	Bemerkung	Winter-garten
Wasserstand 10 bis 20 cm:			
Nymphaea tetragona	weiß	kleinste Seerose	+
N. pygmaea 'Helvola'	gelb	für Schale geeignet	+
N. pygmaea 'Rubra'	pink	für Schale geeignet	+
N. odorata 'Minor'	weiß	duftend, Sonne!	
N. candida	weiß	Blüten ragen über das Wasser, halbschattig	+
Wasserstand 20 bis 50 cm:			
‚Laydekeri lilacea'	rosa-lila	duftend	+
‚Laydekeri purpurata'	rot mit weißen Flecken	lange Blütezeit	+
'Maurice Laydeker'	rosa-rot	hübsch	
'Aurora'	gelb/orange/rot	„Chamäleon"	+
'Froebelii'	rot	lange Blütezeit, beliebte Sorte	+
'Indiana'	rosarot/orange	„Chamäleon", reich blühend	+
'James Brydon'	karminrot	reich blühend, sehr attraktiv	+
'Sioux'	gelbrosa/kupferrot	„Chamäleon", attraktives Laub	+
'William Falconer'	rubinrot	große, schalenförmige Blüten	
'Walter Pagels'	weiß	gefüllt, reich blühend	
'Gloriosa'	rot	halbgefüllt, nur für größere Gefäße	
'Berthold'	hellrosa	üppig blühend	
'Chrysantha'	gelb/aprikot/rot	„Chamäleon"	

Schwimmpflanzen

Feenmoos

(Azolla caroliniana)
Obwohl die einzelnen
Pflänzchen winzig sind,
breitet sich die Art oft
stärker aus als gewünscht.
Das ist allerdings nicht so
schlimm, denn dadurch
behindern sie die Algenent-
wicklung. Da man sie im
Miniteich aus der Nähe
beobachten kann, kommen
ihre zarten Strukturen hier
am besten zur Wirkung.
Weil sie nicht winterhart
sind, empfiehlt es sich,
zumindest eine Handvoll
Pflanzen geschützt zu
überwintern.

Muschelblume, Wassersalat

(Pistia stratiotes)
Ihre hell- oder graugrünen
Blattrosetten tragen einen

Die grazilen Strukturen des Feenmoos kommen nirgends so gut zur Geltung wie am Miniteich.

langen Wurzelbart. In kleinen Becken werden sie
abgesammelt, wenn sie sich
unkontrolliert verbreiten.
Da die tropische Art nicht
frosthart ist, sollte man sie
vor Beginn der Frostperiode
ins Haus holen, um sie erst
nach deren Ende wieder ins
Freie zu entlassen.

Froschbiß

(Hydrocharis morsus-ranae)
Die Blattrosetten des
Froschbisses verbreiten sich
durch Ausläufer. Vereinzelt
wurzeln sie auch im Boden
fest. Sie müssen gelegentlich ausgedünnt werden.
Der Froschbiß gilt als ein
Gegenspieler zu den Algen.
Die Überwinterung erfolgt
in Form länglicher Winterknospen im Schlamm. Sie
müssen überwintert wer-
den, wenn der Teich im
Herbst geleert wird.

Der Froschbiß ist eine Schwimmpflanze, die auch fest wurzelt.

*Die Blattrosetten der Muschelblume verbreiten sich bei zu-
sagenden Bedingungen. Sie sind allerdings nicht winterhart.*

Indem der Schwimmfarn das Wasser beschattet, behindert er die Entwicklung von zu vielen Algen.

Schwimmfarn

(Salvinia natans)
Er ähnelt nicht nur dem Feenmoos, er ist auch genauso zu behandeln. Beide Arten lassen sich verwenden, um das Wasser in direkt besonnten Gefäßen zu beschatten und dadurch eine zu starke Erwärmung zu verhindern.

Wasserhyazinthe

(Eichhornia crassipes)
Typisches Kennzeichen dieser tropischen Art sind die blasig verdickten Blattstiele. Ihre großen, blauen Blüten zeigt sie nur in geschützter, voll sonniger Lage. Durch ihre Nahrungsaufnahme tritt sie mit den Algen in Konkurrenz. Wie die Muschelblume verträgt die Wasserhyazinthe keinen Frost und kommt erst zu gesichertem Zeitpunkt ins Freie. Da es nicht einfach ist, sie im Haus über den Winter zu brin-

gen, wird sie oft jedes Jahr neu zugekauft.

Wassernuß

(Trapa natans)
Früher bei uns heimisch, ist diese Schwimmblattpflanze heute in der Natur stark bedroht. Die bizarren Nüsse, mit denen sie sich jedes Jahr neu aussamen muß, sind eßbar. Die hübschen Rosetten aus derben Blättern nehmen im Herbst eine dunkelrote Färbung

an. Weil die Wassernuß warmes Wasser bevorzugt, kann sie auch in kleine, stark besonnte Gefäße gesetzt werden.

Wasserschlauch

(Utricularia vulgaris)
Mit kleinen Bläschen an den stark verzweigten Trieben fängt diese Schwimmpflanze Kleintiere. Und weil sich darunter auch zahlreiche Mückenlarven befinden, gilt der „fleischfressende" Wasserschlauch als äußerst nützlich. Er läßt sich gut in kleinen Gefäßen ansiedeln, weil er auch warmes Wasser gut verträgt. Im Sommer erheben sich gelbe Blütenmäulchen über die Wasseroberfläche. Die Überwinterung erfolgt im Schlamm in Form von Winterknospen.

Eine ursprünglich heimische Schwimmpflanze mit bizarren, eßbaren Nüßchen: die Wassernuß.

Unterwasserpflanzen

Unterwasserpflanzen sind in der Regel nicht so attraktiv wie die meisten anderen Arten des Wassergartens. Aber bei intensiver Beobachtung erschließt sich auch die Schönheit ihrer winzigen Blüten. Und am Miniteich ist dies leicht möglich.

Die meisten Arten ernähren sich größtenteils über das Laub. Ihre Wurzeln, die bei der Pflanzung in das Substrat kommen, dienen in erster Linie als Halt. Unterwasserpflanzen produzieren Sauerstoff und konkurrieren vor allem mit den Schwebalgen um Licht und Nahrung. So behindern sie deren Entwicklung. Hinzu kommt, daß auch unter Wasser ein dichtes Gewirr aus Blättern und Trieben die Aufheizung des Wassers verhütet. Daher sind Unterwasserpflanzen äußerst wichtig für das biologische Gleichgewicht jedes Wassergartens.

Dennoch empfiehlt sich Zurückhaltung: Mehr als zwei Arten sollte man in einem kleinen Gefäß nicht einsetzen, und das so tief wie möglich – am besten ab 50 cm Wassertiefe. In der Regel müssen die wüchsigen Unterwasserpflanzen immer wieder ausgelichtet werden.

Hornkraut

(Ceratophyllum demersum)
Gleich zu Beginn eine Ausnahme: Das Hornkraut muß nicht gepflanzt werden, sondern schwimmt größtenteils frei unter der Wasseroberfläche. Da sein derbes Laub von den Fischen verschont wird, verträgt es deren Gesellschaft schadlos. Die Überwinterung der Pflanze erfolgt in Form von kurzen Sproßstückchen am Teichgrund.

Nadelsimse

(Eleocharis acicularis)
Die Nadelsimse bedeckt mit grasähnlichen Polstern den Teichgrund in etwa 10 bis 40 cm Tiefe. Sie ist ein guter Sauerstoffspender und von den Unterwasserpflanzen am besten für kleine Gefäße geeignet. Gelegentlich ragen auch einzelne Halme über die Wasseroberfläche.

Ähriges Tausendblatt

(Myriophyllum spicatum)
Ähnlich der Wasserpest neigt diese Art zum Wuchern, produziert aber auch reichlich Sauerstoff. Sie sollte bevorzugt in größere Anlagen gesetzt

Die tropische Wasserhyazinthe ist nicht frosthart und wird geschützt überwintert oder neu eingesetzt.

hat auch ihre guten Seiten: Mit den zahlreichen Blattquirlen an langen Stengeln gibt sie reichlich Sauerstoff in das Wasser ab.

Da sich die Pflanze selbst in Miniteichen wohl fühlt, kann sie durchaus in etwas größere Gefäße eingesetzt werden. Man muß sich nur darauf einstellen, daß sie gelegentlich auszulichten ist.

Aufgrund ihres Verbreitungstriebes ist die Wasserpest gefürchtet. Allerdings liefert sie auch reichlich Sauerstoff.

Wasserstern

(Callitriche palustris)
Die scheinbar zierlichen, sternförmigen Blattrosetten sind sehr wüchsig: Sie bedecken rasch einen Großteil der Wasseroberfläche und bedrängen andere Arten. Am besten gedeihen sie bei einem Wasserstand von 30 bis 40 cm.

werden, ab einer Wassertiefe von 30 cm. Von den federartigen Blattquirlen erheben sich auf roten Stielen kleine rosa Blüten über die Wasseroberfläche.

Unterwasser-Hahnenfuß

(Ranunculus aquatilis)
Je nach Größe des Gewässers werden die Triebe dieser Pflanze kürzer oder länger. An ihnen sitzen das feingliedrige Laub und später weiße Hahnenfuß-Blüten, die etwas über die Wasseroberfläche ragen. Die Pflanze bevorzugt einen Wasserstand ab 40 cm, ansonsten wuchert sie anspruchslos.

Wasserpest

(Elodea canadensis)
Schon der Name weist darauf hin, daß diese weit verbreitete Art gefürchtet ist. In kleinen, flachen Gefäßen würde sie mit ihrem Vermehrungstrieb für Probleme sorgen. Aber die Wasserpest

Mit zierlichen Rosetten bedeckt der Wasserstern die Wasseroberfläche und bedrängt andere Arten

Pflanzen für 10 bis 40 cm Wasserstand

Blutauge
(Potentilla palustris)
Die Triebe des Blutauges wachsen erst flach über den Boden, später schräg über die Wasseroberfläche. Seine matt roten Schalenblüten, die im Frühsommer erscheinen, und die gefiederten Blätter passen gut zu den Blüten und Blattformen von Iris und Hechtkraut. Die Pflanze braucht kalkarmes Wasser. Eine zu starke Ausbreitung im Gefäß läßt sich durch Rückschnitt der ver-

Blickfang sind beim Eidechsenschwanz die herzförmigen Blätter.

ter mit roter Unterseite. Dazwischen erscheinen im Sommer walzenförmige Blüten mit vier weißen Hochblättern. Bei der panaschierten Form fällt die schöne Herbstfärbung besonders auf. Die unterirdischen Ausläufer verbreiten sich bei 10 bis 20 cm Wassertiefe. Im Herbst muß der Eidechsenschwanz in tieferes Wasser gesetzt oder mit einem Winterschutz versehen werden.

In mittelgroßen Gefäßen lassen sich verschiedene Wasserstände anlegen (2. v. l.: Amerikanisches Pfahlrohr).

Die Blüten des Blutauges erscheinen im Frühsommer.

holzten Triebe leicht unterbinden.

Eidechsenschwanz
(Houttuynia palustris)
Blickfang dieser Pflanze sind die herzförmigen, metallisch riechenden Blät-

TIP!
Pflanzen, die nach dem Einkauf nicht umgehend gepflanzt werden können, können bis zu zwei Tage lang zwischengelagert werden, möglichst kühl und feucht.

Hechtkraut

(Pontederia cordata)
Die aus Nordamerika stam-
mende Art wird mit ihren
länglichen Blättern über
50 cm hoch und bevorzugt
einen Wasserstand von
30 cm. Mehr als zwei dieser
kräftigen Pflanzen pro
Miniteich sind nicht zu
empfehlen. Ab Frühsommer
zeigen sich die blauen
Blütenkerzen.

Kalmus

(Acorus calamus)
Die ursprünglich aus dem
Orient stammende Heil-
pflanze gehört zur Familie
der Aronstabgewächse. Die
Blüten fallen nicht sehr ins
Auge. Etwas dekorativer

*Über den herzförmigen Blättern des Molchschwanzes
erscheinen im Sommer die überhängenden Blüten.*

wirkt die Sorte 'Variegatus',
die weniger wüchsig ist und
deren schwertförmige, zart
duftende Blätter gelbgrün
gestreift sind. Kalmus
wächst eher bei flacherem
Wasserstand von 10 bis
20 cm.

Kanadischer Reis

(Zizania latifolia)
Das bis zu 2 m hohe Gras
kann bestenfalls alleine
in einen größeren Behälter

*Im Frühsommer zeigt das
Hechtkraut seine blauen Blüten.*

gepflanzt werden. Dort
allerdings wirkt es mit
seinen überhängenden
schwertförmigen Blättern
äußerst dekorativ, bevor-
zugt als Hintergund für
andere Gefäße. Der Wasserstand kann bis zu 50 cm
betragen.

Molchschwanz

(Saururus cernuus)
Weil sie bei uns nicht völlig
winterhart ist, wird diese
Art mit den herzförmigen
Blättern eher selten ver-
wendet. Wenn sie sich bei
10 bis 20 cm Wassertiefe

*Bis zu 120 cm hoch werden
die Blütenstiele der
Schwanenblume.*

wohl fühlt, erscheinen im
Sommer weiße Blüten in
überhängenden Trauben. Im
Zweifelsfall deckt man die
Pflanze vor dem Winter ab
oder holt sie in einen
geschützten Raum.

Rohrkolben
(Typha spec.)
Nur für den Einzelstand
in Wannen oder anderen
großen Behältern eignen
sich die Arten *Typha angu-
stifolia* und *T. latifolia*. Da
sie außerdem viele Ausläufer bilden und dadurch laufend ihren Standort ändern,
müssen sie regelmäßig in
Schach gehalten werden. In
Körbe sollte man sie besser
nicht setzen.
Typha laxmannii bleibt
schmalblättriger und mit
1,50 m etwas niedriger als
die genannten Arten, in
flachem Wasser sogar noch
kleiner. Sie alle lassen sich
gut als Hintergrund für niedrige Pflanzen einsetzen.

Schwanenblume, Blumenbinse
(Butomus umbellatus)
Die Wurzelstöcke dieser
Pflanze sollten nicht tiefer
als 30 cm gepflanzt werden
und nicht in Körbe, weil sie

sich gerne etwas ausbrei-
ten. Aus diesem Grunde
bleibt die Schwanenblume
auch für größere Gefäße
vorbehalten, wo man sie

gelegentlich düngen sollte.
Die zartrosa Blütendolden
stehen auf bis zu 120 cm
hohen Stielen.

Tannenwedel
(Hippuris vulgaris)
Wie kleine Nadelbäume
ragen seine Triebe über die
Wasseroberfläche. Sie bilden
einen hübschen Kontrast
zum Beispiel zu Froschlöffel, Sumpfdotter- und Gauklerblume. Da sich der Tannenwedel durch Ausläufer
verbreitet, muß er immer
wieder in Schach gehalten
werden.

*Die hübschen Triebe des
Tannenwedels verbreiten sich
durch Ausläufer und müssen
notfalls ausgedünnt werden.*

**Brasilianisches Tausend-
blatt, Papageienfeder**
(Myriophyllum brasiliense)
Die südamerikanische Pflanze mit dem zart gefiederten
Laub paßt gut zu den viel-
fach derberen heimischen
Arten. Leider ist sie bei uns
nicht winterhart. Darum
empfiehlt es sich, vor dem
Winter einige Ableger zu
nehmen, um sie im Haus zu
überwintern.

Wasserähre
(Aponogeton distachyos)
Die knolligen Rhizome wer-
den am besten bei einem
Wasserstand von 20 bis
40 cm eingesetzt. Ihre

*Die heimische Sumpfschwertlilie
eignet sich aufgrund ihrer
Wüchsigkeit nur für größere
Gefäße.*

*Die Blätter der Wasserähre
schwimmen, ihre weißen
Sommerblüten verbreiten einen
aromatischen Duft.*

Blätter schwimmen auf
der Wasseroberfläche und
werden im Sommer von
weißen, aromatisch duftenden Blütenständen über-
ragt. Die Wasserähre liebt
einen warmen und sonnigen
Standort. Unter günstigen
Umständen verbreitet sie
sich durch Samen.

Wasserfeder
(Hottonia palustris)
Die zarte Unterwasserpflanze mit fiedrigen Blattquirlen eignet sich gut für kleine Teiche mit 10 bis 20 cm
Wasserstand. Vom späten
Frühjahr an erheben sich
zierliche, weiß-rosa Blüten-

schalen über die Oberfläche.
Die Wasserfeder braucht
weiches Wasser und neigt
unter günstigen Bedingun-
gen zum Wuchern.

Wasserlilie
(Iris pseudacorus)
Die gelbe Sumpfschwertlilie
wächst vom feuchten Rand
bis in 30 cm tiefes Wasser.
Die heimische Pflanze ist
sehr robust und gehört daher nur in größere Behälter,
ohne zartbesaitete Konkurrenz. An den schwertförmigen Blättern zeigen sich im
Frühsommer die typischen
Irisblüten in Gelb.

*Die zierliche Wasserfeder
lebt unter Wasser und
kommt in kleinen Teichen
gut zur Geltung.*

Wassermohn

(Hydrocleys nymphoides)
Die tropische Wasserpflanze
ist nicht winterhart.
Während ihre Rosetten
aus ovalen Blättern auf der
Wasseroberfläche schwim-
men, ragen die gelben,
mohnartigen Blüten knapp
darüber hinaus. Im Freiland
erscheinen sie jedoch nicht
so fleißig wie im Wintergarten. Bei einer Wassertiefe
von 10 bis 20 cm vermehrt
sich der Wassermohn durch
Ausläufer.

Wassernabel

(Hydrocotyle vulgaris)
Die anspruchslose Pflanze
verträgt Sonne wie Schat-
ten. Bevorzugt wurzeln ihre

kriechenden Ausläufer
jedoch im Sumpf bis zu
höchstens 30 cm Wassertiefe in saurem Substrat.
Die schildförmigen Blätter
breiten sich polsterförmig
aus, je nach Wasserstand
schwimmend oder über die
Oberfläche herausragend.
Ihr Wuchs muß im Mini-
teich gelegentlich etwas
gebremst werden. Im Hoch-
sommer erscheinen die kleinen, weiß-rosa Blütchen.

Zebrabinse

(Scirpus lacustris ssp.
tabernaemontani 'Zebrinus')
Das dekorative Gras wird
etwa 130 cm hoch und ist
weniger wüchsig als andere
Sorten. Mit seinen grün-

*Weil der Wassermohn
aus den Tropen stammt,
gedeiht er am besten
im Wintergarten.*

gelb geringelten Halmen
paßt es gut zum kräftigen
Blattgrün von Hechtkraut
oder Sumpfcalla. Da die zarten Halme leicht knicken,
sollte man die Zebrabinse
nur an windgeschützte
Stellen pflanzen.

Zypergras

(Cyperus longus)
Diese Art ist im Gegensatz
zur nahe verwandten Zim-
merpflanze winterhart. Sie
wirkt vor allem durch ihre
1 m hohen Wedel mit den
überhängenden Blättern
und eignet sich gut für
den Hintergrund. Bevorzugt
wird eine Wassertiefe von
etwa 30 cm.

*Die Blätter des Wassernabels können sowohl
schwimmen als auch aufrecht stehen.*

Pflanzen für tiefen Wasserstand

	Wasser-stand in cm	Blüte-zeit, Monate	Blüten-farbe	Bemerkung
Amazonas-Schwertpflanze (Echinodorus)	10-20	5-7	weiß	nur für Wintergarten
Blutauge (Potentilla palustris)	10-30	5-6	rötlich	kalkarmes Wasser; evtl. zurückschneiden
Eidechsenschwanz (Houttuynia palustris)	10-20	6-8	weiß	schöne Herbstfärbung; nicht ganz winterhart
Feenmoos (Azolla caroliniana)	schwimmt	-	-	Schwimmpflanze, auch für Wintergarten, algenhemmend
Froschbiß (Hydrocharis morsus-ranae)	20-50	6-8	weiß	Schwimmpflanze für kalk-armes Wasser, algenhemmend
Hechtkraut (Pontederia cordata)	10-30	6-7	blau	bis 50 cm hoch
Hornkraut (Ceratophyllum demersum)	ab 10	-	-	Unterwasserpflanze, ausläuferbildend
Kalmus (Acorus calamus)	10-20	6-7	gelbgrün	Heilpflanze, Aronstabgewächs, schwertförmige Blätter bis 80 cm hoch
Kanadischer Reis (Zizania latifolia)	20-50	-	-	bis 2 m hohes Gras
Kleefarn (Marsilea quadrifolia)	5-15	-	-	bevorzugt für Wintergarten
Ludwigie (L. clavellina var. grandiflora)	10-50	7-8	gelb	hauptsächlich für Winter-garten
Molchschwanz (Saururus cernuus)	10-20	6-7	weiß	bis 80 cm hoch, nicht ganz winterhart
Muschelblume, Wassersalat (Pistia stratiotes)	(ca. 40)	5-7	weiß	Schwimmpflanze, Rosetten bilden Teppich, auch für Wintergarten
Nadelsimse (Eleocharis acicularis)	10-40	-	-	Unterwasserpflanze, Sauerstoffspender
Papyrus (Cyperus papyrus)	20-40	7-8	grün	bis 2 m hoch, nur für Wintergarten
Pfahlrohr, Amerikanisches (Thalia dealbata)	10-30	7-8	violett	bis 1,50 m hoch, nur Wintergarten
Rohrkolben (Typha angustifolia)	20-40	6-9	braun	bis 2 m hohes Gras
Rohrkolben (Typha latifolia)	20-40	6-9	braun	bis 2 m hoch
Rohrkolben (Typha laxmannii)	10-30	6-9	braun	bis 1,50 cm hoch
Schwanenblume, Blumenbinse (Butomus umbellatus)	10-30	6-7	rosa	bis 1,20 m hoch

	Wasser-stand	Blüte-zeit, in cm	Blüten-farbe Monate	Bemerkung
Schwimmfarn (*Salvinia natans*)	schwimmt	-	-	Schwimmpflanze, auch für Wintergarten, algenhemmend
Sumpf-Schwertlilie (*Iris pseudacorus*)	0-30	6-7	gelb	schwertförmige Blätter bis 1,50 m hoch
Tannenwedel (*Hippuris vulgaris*)	10-30	6-8	grünlich	„kleine Tannenbäumchen", Ausläufer treibend
Tausendblatt, Ähriges (*Myriophyllum spicatum*)	30-50	6-8	rosa	Unterwasserpflanze
Tausendblatt, Brasilianisches (*Myriophyllum brasiliense*)	10-50	7-8	weißlich	aus dem Wasser ragend, nicht winterhart, gut für Wintergarten
Unterwasser-Hahnenfuß (*Ranunculus aquatilis*)	20-50	6-7	weiß	Unterwasserpflanze, dicht *tepp*ichbildend, wuchernd
Wasserähre (*Aponogeton distachyos*)	20-40	6-8	weiß	Blätter schwimmend, Knolle darf nicht einfrieren
Wasserfeder (*Hottonia palustris*)	10-20	5-6	weiß-rosa	nur Blüte taucht auf
Wasserhyazinthe (*Eichhornia crassipes*)	ab 10	7-8	blau	Schwimmpflanze, frostempfind-lich, gut für Wintergarten
Wassermohn (*Hydrocleys nymphoides*)	10-20	6-9	gelb	schwimmende Blätter, Ausläu-fertreibend, nicht winterhart, gut für Wintergarten
Wassernabel (*Hydrocotyle vulgaris*)	0-30	7-8	weiß-rosa	saurer Boden, auch im Schatten
Wassernuß (*Trapa natans*)	ab 10	7-8	weiß	Schwimmpflanze, bizarre Früchte, auch für Wintergarten
Wasserpest (*Elodea canadensis*)	30-50	-	-	Unterwasserpflanze, sauerstoffliefernd, wuchernd
Wasserschlauch (*Utricularia vulgaris*)	schwimmt	6-8	gelb	Schwimmpflanze, fängt kleine Wassertiere
Wasserstern (*Callitriche palustris*)	30-40	-	-	Unterwasserpflanze, wintergrün, polsterbildend
Zebrabinse (*Scirpus lacustris* ssp. *tabernaemontani* ‚Zebrinus')	*10-30*	*6-8*	*braun*	bis 1,30 m hohes Gras
Zimmercalla (*Zantedeschia aethiopica*)	5-20	6-7	weiß	bekannte Zimmerpflanze, nur für Wintergarten
Zypergras (*Cyperus longus*)	20-40	5-7	grün	winterharte Art des bekannten Grases, bis 1 m hoch

Die grazilen Blüten des Fieber-klees erscheinen schon im Mai.

Pflanzen für 5 bis 10 cm Wasserstand

Bachbunge
(Veronica beccabunga)
Diese anspruchslose Pflanze wächst am liebsten am Rand eines Bächleins. Sie wird nur 20 cm groß und deshalb gerne mit höheren Arten kombiniert. Mit ihren zarten blauen Blüten bildet die Bachbunge außerdem einen hübschen Kontrast zu den gelben Blütenkugeln der Sumpfdotterblume.

Bittersüßer Nachtschatten
(Solanum dulcamara)
Die roten Früchte dieser Art sind giftig, weshalb sie in Haushalten mit Kindern nicht zu empfehlen ist. Der Halbstrauch wird gerne in größeren Gefäßen mit höheren Gewächsen zusammengepflanzt, an denen er sich emporranken kann. Besonders hübsch sind seine violetten Blütendolden.

Fieberklee
(Menyanthes trifoliata)
Der Fieberklee ist anspruchslos und gedeiht auch noch im Halbschatten sowie bei 20 cm Wasserstand. Dort verbreitet er

Der Straußweiderich ist eine eher wenig bekannte Art. Sie verbreitet sich stark durch Ausläufer.

sich durch Ausläufer. Deshalb sollte man die alte Heilpflanze nur mit anderen wüchsigen Arten kombinieren. Sie zeigt ihre grazilen zartrosa Blüten bereits im Mai, bevor die kleeförmigen Blätter oberhalb der Wasseroberfläche erscheinen.

Pfeilkraut
(Sagittaria spec.)
Zwei Arten von dieser attraktiven Gattung sind im Handel erhältlich: Bei *Sagittaria sagittifolia* sind die pfeilförmigen Blätter kleiner als bei *Sagittaria latifolia*. Deshalb eignet sich erstgenannte auch besser für Miniteiche. Die Pflanze verbreitet sich durch Ausläufer und zieht sich über die kalte Jahreszeit in Rhizomknollen zurück. Wenn das Gefäß nicht frosthart ist, müssen diese Knollen geschützt überwintert werden. Im Sommer erscheinen weiße Blütenähren.

Straußweiderich
(Lysimachia thyrsiflora)
Die aufrecht wachsende Liebhaberpflanze mit ihren gelben Blütentrauben bevorzugt saure Bodenverhältnisse und wird bis zu 50 cm hoch. Sie vermehrt sich durch Ausläufer und muß von Zeit zu Zeit ausgelichtet werden.

Die Amerikanische Sumpfiris ist anspruchslos und zeigt eine hübsche Zeichnung am Blütenschlund.

Sumpfiris, Amerikanische
(Iris versicolor)
Die Blüten dieser kleineren, anspruchslosen Iris-Art sind violett und weisen eine dunkle Zeichnung am Schlund auf. Sie läßt sich gut in Gefäßen verwenden.

Seggen
(Carex)
Die Seggen sind eine große Gattung mit zahlreichen Gräsern, von denen einige am Wasserrand gedeihen. Die Schein-Zypergrassegge *(C. pseudocyperus)* beispielsweise wird etwa einen halben, die Steife Segge *(C. elata)* etwa einen Meter hoch. Ihre Horste aus dreikantigen, meist überhängenden Halmen ergänzen sich gut mit aufrechten und großblättrigen Arten.

Sumpfcalla, Schlangenwurz
(Calla palustris)
Die einheimische Sumpfpflanze verbreitet sich durch ein kriechendes Rhizom, am besten bei 10 cm Wasserstand. Auch im Halbschatten zeigt sie ihre Aronstab-Blüte mit dem weißen Hüllblatt, aus dem sich ein Kolben mit giftigen roten Beeren entwickelt.

Wasserminze
(Mentha aquatica)
Wie die nahe verwandte Pfefferminze duftet dieser Wasserbewohner nach ätherischen Ölen und kann als Tee verwendet werden. Auch vom Aussehen ähnelt die anspruchslose Pflanze der bekannteren Landform.

Zwergbinse
(Eleocharis palustris)
Obwohl ein Zwerg in der eigenen Familie, sollte man diese Binsenart nicht in zu kleine Gefäße pflanzen. Die Zwergbinse verbreitet sich unter günstigen Bedingungen und bedrängt schwächere Arten. Ihre

Halme werden nicht viel höher als 30 cm, im Frühsommer erscheinen an deren Spitze die bräunlichen Blütenähren.

Zwerg-Rohrkolben
(Typha minima)
Der Zwerg-Rohrkolben bleibt 50 bis 70 cm klein und eignet sich besonders für Miniteich-Anlagen. Die empfindliche Art benötigt allerdings eine windgeschützte Lage und möglichst ein lehmiges Substrat. Die charakteristischen Kolben behalten eine relativ kugelige Form.

Die Sumpfcalla ist ein giftiges Aronstabgewächs.

Pflanzen für Sumpf bis 5 cm Wasserstand

Bachnelkenwurz

(Geum spec.)
Am häufigsten findet man in den Gärten *Geum cocci-neum,* deren rote Blüten-schalen im Frühsommer besonders kräftig leuchten. Sie wird etwa 25 cm hoch und auch als Bodendecker verwendet. Die einheimi-sche Art *Geum rivale* blüht weniger auffällig, aber dafür schon ab Mai. Beide Arten sind wintergrün.

Für die hochwachsende blaue Gauklerblume sind große Gefäße und niedriger Wasserstand erforderlich.

Binsen

(Juncus spec.)
Die Binsen sind eine große Gattung von Gräsern, die bevorzugt auf schweren bis nassen Böden gedeihen. Für kleinere Gefäße eignet sich

Binsen sind Gräser, die auf feuchten Böden gedeihen.

die Zwergbinse *(J. ensifoli-us)* am besten. Ihre Horste aus schwertartigen Blättern werden nur 20 cm hoch. Bei den anderen Arten sind die Halme eher rund. Die Knol-lenbinse *(J. compressus)* wird etwa 40 cm hoch, ebenso wie die Flatterbinse *(J. effusus)*, von ihr gibt es eine Sorte mit korkenzie-herartigen Halmen ('Spira-lis'). Sehr dekorativ ist auch die Blaubinse *(J. inflexus)*, deren blaugrüne Halme eine Höhe von 60 cm er-reichen.

Blutweiderich

(Lythrum salicaria)
Diese heimische Pflanze zeigt viele Sommerwochen lang ihre violettroten Blü-

tenrispen. Dabei stellt sie kaum Ansprüche und blüht auch noch in schattigen Lagen. Da sie etwa einen Meter hoch wird, eignet

Blutweiderich wird 1 m hoch und blüht viele Wochen lang.

Der ausdauernde Froschlöffel verträgt den wechselnden Wasserstand im Uferbereich sehr gut.

sie sich gut für Einzelpflanzungen.

Froschlöffel

(Alisma plantago-aquatica)
Der Name beschreibt die Form der rosettenförmig angeordneten Blätter. Am auffälligsten aber sind die Blütenstände, die noch bis in den Herbst hinein mit ihren grazilen weißen Rispen das Laub überragen. Auf diese Weise kann sich das heimische Gewächs auch selbst aussäen. Es gedeiht auch noch im Halbschatten und zieht sich schon vor dem Winter in die Wurzeln zurück.

Gauklerblume

(Mimulus luteus)
Die anspruchslose Sumpfpflanze wird etwa 25 cm hoch. Besonders fallen ihre zahlreichen gelben Trompetenblüten ins Auge, die sich während des Sommers nacheinander öffnen. Dabei kann sie sich selbst aussäen. Die blauviolett blühende Schwester *(M. ringens)* sieht noch etwas hübscher aus, wird aber wesentlich höher.

Gelenkblume

(Physostegia virginiana)
Die leuchtend violetten oder weißen Blüten dieser Art lassen sich wie mit einem Gelenk um den Stengel drehen. Sie kann bis zu 1 m hoch werden und ist auch eine dankbare Schnittblume. Für kleinere Anlagen sollte man eine zwergige Sorte verwenden.

Gottesgnadenkraut

(Gratiola officinalis)
Die heimische Heilpflanze ist heute eher selten, kommt aber gerade in kleinen Anlagen gut zur Geltung. Die dichten Horste werden etwa 30 cm hoch. Im Sommer erscheinen weiße bis blaßrosa Blüten. Vorsicht, giftig!

Lobelie

(Lobelia fulgens,
L. cardinalis)
Die leuchtend scharlachroten Blüten, die im Hochsommer erscheinen, wirken am Miniteich besonders auffällig. Leider sind sie nicht ganz winterhart und benötigen einen Winterschutz oder müssen hell und frostfrei überwintert werden. *Lobelia speciosa* 'Sweet' jedoch ist winterhart; es gibt sie in Farbtönen von Rosa über Rot bis Lilablau.

Lobelia fulgens verträgt feuchte wie trockene Standorte.

Das Pfennigkraut ist ein anspruchsloser Bodendecker, der den ganzen Sommer über gelbe Blüten zeigt.

Das zart gefiederte Mädesüß ist ein hübscher Blickfang.

Mädesüß, Kleines
(Filipendula vulgaris)
Mit seinem zart gefiederten Blattwerk und den weißen Blütenrispen, die es den ganzen Sommer zeigt, paßt das heimische Sumpfgewächs gut zu Blutweiderich, Gauklerblumen und Sumpfprimeln. Es wird bis zu 60 cm hoch und gedeiht sowohl an sonnigen als auch an halbschattigen Stellen. Hübscher Blickfang für ein kleines Sumpfbeet!

Nadelkraut
(Crassula recurva)
Die nadelartigen Blättchen sind wintergrün. In den

Blattachseln erscheinen im Frühsommer kleine weiße Blütchen. Am Sumpfrand gepflanzt, überwächst das Nadelkraut unschöne Einfassungen. In 20 bis 40 cm Tiefe spendet die Unterwasserpflanze lebensnotwendigen Sauerstoff.

Pfennigkraut
(Lysimachia nummularia)
Den ganzen Sommer öffnen sich kleine gelbe Blüten

sterne an dem Teppich aus flachen Trieben. Das Pfennigkraut gedeiht nicht nur im Sumpf, sondern auch in trockeneren sowie in feuchteren Bereichen. Daher eignet es sich hervorragend, um unschöne Ränder zu überwachsen.

Primeln
(Primula spec.)
Auch von der beliebten Primel-Familie gibt es eini

Mit seinen wintergrünen, nadelartigen Blättchen kann das Nadelkraut unschöne Ränder überwallen.

Zahlreiche Seggenarten vertragen meist auch Halbschatten.

Die Sumpfform des Baldrians wächst auch in Gefäßen.

ge Vertreter, die sich auf sumpfigem Terrain wohl fühlen. Die meist zierlichen Gewächse passen hervorragend zum Miniteich. Nur 25 cm hoch werden die Rosenprimeln *(Primula rosea)*, deren rosarote Blüten schon ab März erscheinen. Die verschiedenfarbigen Arten und Sorten der Etagenprimeln blühen ab dem frühen Sommer und werden 40 cm hoch.

Scheincalla

(Lysichiton americanus)
Die auffallenden gelben, muschelförmigen Blütenscheiden erscheinen im Frühjahr noch vor den großen Blättern. Damit ihre attraktive Erscheinung zur Geltung kommt, sollte die Sumpfpflanze im Miniteich möglichst einzeln stehen. Halbschattige Lagen werden bevorzugt, ein Winterschutz ist erforderlich.

Seggen

(Carex)
Zahlreiche Seggenarten sind im Sumpf heimisch und vertragen meist auch Halbschatten. Am attraktivsten ist die Morgenstern-Segge *(C. grayi)* mit ihren bizarren Früchten. Sie wird etwa 40 cm hoch, wie auch die Gelbe Segge *(C. flava)*. Die Palmwedel-Segge *(C. muskin-gumensis)* und die Sumpf-segge *(C. acutiformis)* werden bis über 1 m hoch und brauchen größere Gefäße.

Sumpfbaldrian

(Valeriana dioica)
Der kleine Bruder des bekannten Baldrians wird nur etwa 30 cm hoch. Er ist ebenfalls als Heilpflanze verwendbar. Am besten wächst diese Liebhaberpflanze auf feuchtem, kalkarmem Boden. Mit ihren kleinen rosa Blüten im Mai

paßt sie gut zu Sumpfvergißmeinnicht und Sumpfcalla.

Früh im Jahr macht die Scheincalla auf sich aufmerksam.

Sumpfdotterblume

(Caltha palustris)
Die beliebte Wildpflanze
wächst entlang von Gewäs-
sern, auch in schattigen
Bereichen, und öffnet
schon im Frühling ihre
goldgelben Blütenschalen.
Im Herbst zieht sie sich in
den Wurzelstock zurück.
Die gefüllte Sorte 'Multi-
plex' braucht volle Sonne
und nährstoffreiche Erde.
Sie blüht etwas früher,
unter günstigen Bedingun-
gen im Sommer sogar ein
zweites Mal.

*Auch in der heimischen Natur blüht die Sumpfdotterblume
im Frühling am Rand von Gewässern.*

Sumpfeibisch

(Hibiscus moscheutos)
Die bis zu 1 m hohe,
strauchartige Pflanze nimmt
relativ viel Raum in An-
spruch, möglichst in der
Sonne. Aber es lohnt sich,
weil sie mit ihren weißen
oder rosafarbenen Malven-
blüten prachtvoll aussieht.
In ungünstigen Lagen ist
im Winter eine schützende
Laubschicht erforderlich.

Sumpfschwertlilie

(Iris kaempferi, I. sibirica)
Die Japanische Sumpf-
schwertlilie *(Iris kaempferi)*

*Etwas anspruchsvoller als ihre
Schwestern ist die Japanische
Sumpfschwertlilie. Sie kommt
einzeln am besten zur Geltung.*

benötigt für gutes Gedeihen saure, humose Bodenverhältnisse und ist auch sonst etwas anspruchsvoller als die Geschwister. Dafür belohnt sie mit großen Blütentellern in vielen verschiedenen Farbtönen. Sie kommen am besten zur Wirkung, wenn man sie in ein einzelnes Gefäß setzt. Über Winter darf die Japanische Sumpfschwertlilie dann relativ trocken stehen. Zahlreiche Farbsorten, von weiß über rosa und violett zu blau, gibt es auch von der Sibirischen Sumpfschwertlilie *(Iris sibirica)*, die recht leicht zu pflegen ist.

Sumpfvergißmeinnicht
(Myosotis palustris)
Die sumpfbewohnende Schwester unserer Gartenblume ist eine mehrjährige Pflanze, die sich vorzüglich für Gefäßpflanzungen eignet. Ihre zarten blauen Blütchen mit dem gelben Auge erscheinen ab Mai bis in den Sommer.
Das Bodensee-Vergißmeinnicht *(M. rehsteineri)* wächst rasenartig und wird nur 5 cm hoch. Die Zwergstaude liebt volle Sonne; im Frühjahr erscheinen viele himmelblaue Blüten.

Obwohl sie kleiner bleibt, braucht die Sumpfwolfsmilch im Gefäß ausreichend Platz.

Im Gegensatz zum Vergißmeinnicht ist die sumpfbewohnende Schwester eine mehrjährige Pflanze.

Sumpfwolfsmilch
(Euphorbia palustris)
Hübsche Sumpfpflanze mit dunkelgelben Scheinblüten im späten Frühjahr, die leider zum Wuchern neigt. Die Sumpfwolfsmilch kann bis 150 cm hoch werden, bleibt jedoch im Miniteich deutlich niedriger. Sie braucht ausreichend Platz und wirkt gut in Gemeinschaft mit Blutweiderich. Im Herbst nehmen die weidenähnlichen Blätter eine schöne Färbung an.

Pflanzen für flachen Wasserstand bis Ufer

	Wasser-stand in cm	Blüte-zeit, Monate	Blüten-farbe	Wuchs-höhe in cm	Bemerkung
Bachbunge *(Veronica beccabunga)*	5-10	5-6	blau	20	gern am Bachlauf
Bachnelkenwurz *(Geum* spec.)	0-5	6-7	rot	25	bodendeckend, wintergrün
Binsen *(Juncus* spec.)	0-5	-	-	versch.	Gräser
Blutweiderich *(Lythrum salicaria)*	0-5	7-8	violettrot	120	lange Blütezeit, auch schattig
Fettkraut *(Pinguicula vulgaris)*	feucht	5-6	blauviolett	15	Moorbeet, fleischfressend
Fieberklee *(Menyanthes trifoliata)*	5-20	5	zartrosa	30	Heilpflanze, ausläufer-treibend
Froschlöffel *(Alisma plantago-aquatica)*	0-5	6-8	weiß	60	grazile Blütenstände über Laub, auch Halbschatten
Gauklerblume *(Mimulus luteus)*	0-5	6-8	gelb	25	sät sich selbst aus
Gelenkblume *(Physostegia* Sorvirginiana)	feucht	7-8	violett/ weiß	100	auch kleinere Arten, Schnittblume
Glockenheide *(Erica tetralix)*	feucht	6-9	rosa	20	Moorbeet
Gottesgnadenkraut *(Gratiola officinalis)*	feucht	7-8	weiß	30	zartes Laub und Blüten
Heidekraut *(Calluna vulgaris)*	feucht	8-10	weiß, rosa, purpur	40	Moorbeet, frostempfindlich
Knabenkraut, Geflecktes *(Dactylorhiza maculata)*	feucht	6-7	blass rosa	50	Moorbeet
Lobelie *(Lobelia fulgens, L. cardinalis)*	feucht	7-8	scharlach-rot u.a.	80	meiste Sorten nicht ganz winterhart
Mädesüß, Kleines *(Filipendula vulgaris)*	feucht	6-7	weiß	60	sonnig und halbschattig
Moosbeere *(Vaccinium oxycoccos)*	feucht	5-7	zartrosa	5	Moorbeet
Nachtschatten, Bittersüßer *(Solanum dulcamara)*	5-10	6-7	violett	100	Halbstrauch, giftige Früchte
Nadelkraut *(Crassula recurva)*	5/40	6-8	weiß	5	auch Unterwasser
Pfeilkraut *(Sagittaria* spec.)	5-10	7	weiß	60	Ausläufer treibend, Rhizome nicht frosthart
Pfennigkraut *(Lysimachia nummularia)*	0-5	6-8	gelb	5	flache Ausläufer, Teppich bildend, anpassungsfähig
Preiselbeere *(Vaccinium vitis-idaea)*	feucht	5-8	weiß/rosa	20	Moorbeet, Früchte eßbar
Primeln *(Primula)*	feucht	5-6	versch.	25/40	beliebte Frühlingsblüher
Rippenfarn *(Blechnum spicant)*	feucht	-	-	20	Moorbeet
Rosmarinheide *(Andromeda polifolia)*	feucht	4-5	hellrosa	25	Moorbeet
Scheincalla *(Lysichiton americanus)*	0-5	4-5	gelb	40	halbschattig, Winterschutz!

	Wasser-stand in cm	Blüte-zeit, Monate	Blüten-farbe	Wuchs-höhe in cm	Bemerkung
Schlauchpflanze (*Sarracenia* spec.)	0-5	5-6	purpur, gelb	50	Moorbeet
Gelbe Segge *(C. flava)*	0-5	6-7	-	50	gelbliches Gras
Morgenstern-Segge *(C. grayi)*	feucht	5-6	-	60	bizarre Früchte
Palmwedel-Segge *(C. muskingumensis)*	0-5	7-8	-	70	Halme an der Spitze beblättert
Steif-Segge *(Carex elata)*	0-15	5-6	-	100	Blüten aufrecht
Sumpfsegge *(C. acutiformis)*	0-20	6-7	-	50	wüchsig
Zypergras-Segge *(Carex pseudocyperus)*	0-5	6-7	-	80	Moorbeet, Blüten bis 100 cm hoch
Sonnentau *(Drosera rotundifolia)*	feucht	7-8	weiß	5	Moorbeet, Torfmoos
Straußweiderich *(Lysimachia thyrsiflora)*	5-10	7-8	gelb	50	auch Moorbeet, Ausläufer treibend
Sumpfbaldrian *(Valeriana dioica)*	feucht	5-6	rosa	30	Heilpflanze, kalkarmer Boden
Sumpfcalla, Schlangenwurz *(Calla palustris)*	5-10	5-6	weiß	20	Aronstabgewächs, giftige Früchte, auch Halbschatten
Sumpfdotterblume *(Caltha palustris)*	0-10	4-5	gelb	30	einheimisch, auch schattig, evtl. 2.Blüte im Herbst
Sumpfeibisch *(Hibiscus moscheutos)*	0-5	7-8	rosa/weiß	100	auffälliges Malvengewächs, nicht immer winterhart
Sumpffarn *(Thelypteris palustris)*	5-20	-	-	50	Moorbeet
Sumpfherzblatt *(Parnassia palustris)*	feucht	7-9	weiß	20	Moorbeet
Sumpfiris *(Iris kaempferi, I. sibirica)*	0-5	6-7	versch.	100	I. kaempferi ist anspruchs voller, im Winter trocken!
Sumpfiris, Amerikanische *(Iris versicolor)*	5-10	6-7	violett	60	dankbar, unempfindlich
Sumpfveilchen *(Viola palustris)*	feucht	4-6	blaß lila	15	Moorbeet
Sumpfvergißmeinnicht *(Myosotis palustris)*	0-10	5-6	blau	25	beliebte zarte Blüten
Sumpfwolfsmilch *(Euphorbia palustris)*	0-10	5-7	gelbgrün	150	schöne Herbstfärbung
Torfmoos *(Sphagnum* spec.)	0-5	-	-	10	Moorbeet
Trollblume *(Trollius europaeus)*	feucht	4-6	gelb/ orange	40	Moorbeet
Wasserminze *(Mentha aquatica)*	5-10	7-9	lila	40	aromatische Teepflanze
Wollgras *(Eriophorum* spec.)	feucht	4-5	graubraun	60	Moorbeet, silbrige Frucht stände
Zwergbinse *(Eleocharis palustris)*	5-10	6-7	bräunlich	30	Gras, breitet sich aus
Zwerg-Rohrkolben *(Typha minima)*	5-10	8	Kolben	70	windgeschützte Lage

Pflanzen für das Moorbeet

Vom Wasserstand her entspricht das Moorbeet dem Sumpf. Es unterscheidet sich jedoch deutlich durch die Säuresättigung des Substrats und bietet daher einen Lebensraum für andere Pflanzen. Viele dieser Arten schmücken sich mit besonders zierlichen Blüten und drängen sich für die Bepflanzung von Gefäßen direkt auf. Insektenfressende Pflanzen wie Sonnentau, Venusfliegenfalle oder Sarracenien sind zusätzliche Attraktionen dieses Lebensbereiches. Um so bedauerlicher, daß kleine Moorbeete eher selten angelegt werden. Damit die Pflanzen gedeihen, muß man ein saures Substrat mit einem pH-Wert unter 5 einfüllen. Zusätzlich sollte das Moorbeet regelmäßig mit einem geeigneten Dünger versorgt werden. Rhododendron-Dünger weisen den entsprechenden pH-Wert auf.

Fettkraut
(Pinguicula vulgaris)
Rosetten aus hellgrünen, klebrigen Blättern zum Insektenfang, veilchenähnliche violette Blüten; empfindlich, keine pralle Sonne.

Glockenheide
(Erica tetralix)
Bis 20 cm hoch, rosa Blüten bis zum Herbst; volle Sonne.

Heidekraut
(Calluna vulgaris)
Weiße, rosa- oder purpurfarbene Blüte im Spätsommer; frostempfindlich.

Über dem herzförmigen Laub des Sumpfherzblatts zeigen sich bis in den Herbst weiße Blütenschalen.

Geflecktes Knabenkraut
(Dactylorhiza maculata)
Einheimische Orchidee
(geschützt!), bis 30 cm
hoch, purpurne Blüte; keine
Staunässe, nicht verpflanzen.

Moosbeere
(Vaccinium oxycoccos)
Zartrosa Blüten an ranken-
den Trieben, rote Beeren
eßbar, attraktive Herbst-
färbung.

Preiselbeere
(Vaccinium vitis-idaea)
Wintergrüner Zwergstrauch
mit ledrigen Blättern, weiß-
rosa Blüten, eßbare Früchte; sonnige Lage.

Rippenfarn
(Blechnum spicant)
Niedriger Farn mit dunkel-
grüner Blattrosette, Wedel
bis 30 cm, halbschattig bis
schattig.

Rosmarinheide
(Andromeda polifolia)
Blätter dunkelgrün/grau,
glockenförmige Blüten
blaßrosa; Sonne bis Halb-
schatten, keine Staunässe!

Schlauchpflanze
(Sarracenia flava,
S. purpurea, S. alata)
Fleischfresser mit trompe-
tenförmigen Fangröhren,
sehr hübsche Blüten; Sonne
bis Halbschatten.

Sonnentau
(Drosera rotundifolia)
Zierliche Blattrosetten mit
klebrigen Drüsenhaaren,
insektenfressend; empfindlich, am besten auf sand-
haltigem Moorboden oder
Torfmoos.

Sumpffarn
(Thelypteris palustris)
Zarte, hellgrüne Wedel;
bis 20 cm Wasserstand im
Halbschatten.

Sumpfherzblatt
(Parnassia palustris)
Rosette aus herzförmigen
Blättern, bis 20 cm hoch,
weiße Blütenschalen bis in
den Herbst; halbschattig,
keine Staunässe.

Sumpfveilchen
(Viola palustris)
Glänzende, herzförmige
Blätter und rosa-lila Veil-
chenblüten; sonnig.

Torfmoos
(Sphagnum spec.)
Dichte Moospolster, die mit
der Zeit von unten abster-
ben (Torfbildung); dann
Substrat für andere Pflanzen.

Trollblume
(Trollius europaeus)
Kugelige, gelbe bis orange
Blüten, anspruchslos, auch
frischer Gartenboden;

Zwergform *(T. pumilus)*
eher für Halbschatten.

Wollgras
(Eriophorum spec.)
Typische Moorgräser, deren
Samenhaare silbrige, wollige
Knäuel bilden; bevorzugt
Halbschatten.

Zypergras-Segge
(Carex pseudocyperus)
Grashorste bis 1 m hoch,
überhängend, unempfind-
lich.

Weithin leuchten die Blüten-
bälle der anspruchslosen
heimischen Trollblume
im Frühsommer.

am besten etwas über 20 °C. Die Wurzeln gedeihen am besten in einem Pflanzkorb bei 20 bis 40 cm Wassertiefe. Die Blüten stehen deutlich über der Wasseroberfläche.

Andere tropische Wasserpflanzen

Amazonas-Schwertpflanze
(Echinodorus spec.)
Die unter Wasser lebenden Arten dieser Gattung sind in erster Linie durch die Nutzung im Aquarium bekannt. Die Sumpfpflanzen werden in der Regel größer,

Wärmebedürftige Arten für den Wintergarten

In einem Miniteich im frostfreien Wintergarten kann man tropische Wasserpflanzen einsetzen, denen es in unseren Breitengraden draußen zu kalt ist.

Seerosen

Der sonnige Wintergarten ist ein idealer Standort für Seerosen, denn je heller und wärmer, desto reicher blühen sie. Die im Kasten genannten Sorten sind bei etwa 20 bis 40 cm Wasserstand besonders für den Wintergarten zu empfehlen: Einzelheiten zu den Sorten finden Sie auf den Seiten 15 bis 17.
Seerosen-Züchtungen in blauen Farbtönen findet man praktisch nur im Wintergarten. Denn diese Arten *(Nymphaea daubenyana, N. stellata* und *N. zanzibariensis)* brauchen viel Wärme, damit sie ausgiebig blühen,

---

Seerosen-Sorten für den Wintergarten

‘Aurora’
‘Froebelii’
‘Indiana’
‘James Brydon’
‘Sioux’
‘Laydekeri lilacea’
‘Laydekeri purpurata’
Nymphaea candida
N. pygmaea ‘Helvola’, ‘Rubra’
Nymphaea tetragona

bis zu 150 cm, und eignen sich daher für die Einzelbepflanzung größerer Gefäße als ruhiger Hintergrund. Die dekorative Pflanze hat länglich-herzförmige Blätter und kleine weiße Blüten.

Ludwigie

(L. clavellina var. grandiflora)
In 20 bis 50 cm Tiefe gepflanzt, breiten sich die Sprosse schwimmend auf der Wasseroberfläche aus. An ihnen entfalten sich die attraktiven, leuchtend gelben Blütenschalen. Die bedingt winterharte Pflanze sollte nicht zu eng mit anderen Arten gesetzt werden.

Papyrus

(Cyperus papyrus)
Die grazilen Wedel des Echten Papyrus werden bis zu 2 m hoch. Deshalb sollte man diese beeindruckende Pflanze einzeln in einen größeren Behälter setzen und als Hintergrund für kleinere Gefäße verwenden. Über dem Substrat sind 20 bis 40 cm Wasserstand erforderlich. Das Zypergras, *(C. alternifolius)* bekannt als leicht zu vermehrende Zimmerpflanze, wird nicht ganz so hoch und begnügt sich auch

mit einem etwas niedrigeren Wasserstand.

Amerikanisches Pfahlrohr

(Thalia dealbata)
Mit ihren großen, blaugrünen Blättern wird die Pflanze bis zu 150 cm hoch und eignet sich bevorzugt für den Einzelstand mit 10 bis 30 cm Wassertiefe. Im Hochsommer erscheinen die zarten, violettroten Blütenstände. Bei dauerhaften Temperaturen über 10 °C gedeiht das Pfahlrohr auch im Freien.

Außerdem eignen sich folgende Arten für den Wintergarten, die weiter vorne in diesem Kapitel unter

den jeweiligen Wassertiefen genannt sind:

Weitere Arten für den Wintergarten

Feenmoos *(Azolla caroliniana)* – siehe S. 19
Muschelblume *(Pistia stratiotes)* – S. 19
Schwimmfarn *(Salvinia natans)* – S. 20
Tausendblatt *(Myriophyllum brasiliense)* – S. 21
Wasserhyazinthe *(Eichhornia crassipes)* – S. 20
Wassermohn *(Hydrocleys nymphoides)* – S. 27
Wassernuß *(Trapa natans)* – S. 20

Am Ende der schwimmenden Sprosse erscheinen die leuchtend gelben Blütenschalen der tropischen Ludwigie.

Harmonisches Miteinander: Verschieden hohe Fässer, üppig mit Wasserpflanzen bestückt, dazu Töpfe mit Funkien und Steingartengewächsen sowie einige hübsche Dekorationsstücke.

Miniteiche gestalten

Bei der Gestaltung darf man nicht vergessen: Es handelt sich nicht nur um die bescheidenere Ausführung eines „richtigen" Teiches: Diese Dimension entwickelt ihre ganz eigenen Reize und Möglichkeiten.
Ein ausgewachsener Gartenteich wirkt für sich alleine. Der Miniteich muß mehr mit seiner Umgebung harmonieren, nicht nur auf der Terrasse. In einem zu weitläufigen Gelände kommt er nicht zur Wirkung. Die Randbepflanzung sollte in ihrer Wirkung nicht den Teich übertrumpfen.
Mit einem Miniteich bleibt selbst in der Enge eines kleinen Gartens viel Raum für die Phantasie. Er erweitert die Gestaltungsmöglichkeiten um ein Vielfaches. Aber auch auf ausreichend großen Flächen eröffnen sich damit überraschende Perspektiven, wenn solch ein kleiner Wassergarten an der richtigen Stelle plaziert ist, zum Beispiel neben dem Sitzplatz oder in einer (versteckten) Ecke. Und sogar ein vernachlässigtes Schattenplätzchen kann durch ein Faß, eine Schale oder eine Wanne mit Wasserpflanzen aufgewertet werden.

TIP!

Sollte die Blüte der Wasserpflanzen zu wünschen lassen, so ist es durchaus erlaubt, ein wenig zu schummeln: Es wirkt besonders hübsch, wenn man dekorative Blüten zum Beispiel von Rosen oder Pfingstrosen auf der Wasseroberfläche schwimmen läßt.

Miniteiche im Garten

Im offenen Gelände muß man – im Gegensatz zu den Standorten am Haus – weder auf das Gewicht der Wasserbehälter noch auf ihre absolute Dichtheit achten. Hier können unterschiedlich hohe oder eingegrabene mit freistehenden Gefäßen kombiniert werden. Durch solche Zusammenstellungen ergeben sich unterschiedliche Wassertiefen, so daß ohne großen Aufwand Lebensraum für zahlreiche Pflanzenarten entsteht. Gleichzeitig ziehen die verschiedenen Ebenen die Aufmerksamkeit des Betrachters auf sich.
Ein Miniteich in **japanischem Stil** wird immer eine besondere Attraktion sein. Sein Kennzeichen ist das enge Zusammenspiel des Wassers mit den umgebenden Steinen und eine eher karge Bepflanzung. Sowohl Findlinge als auch Flächen mit kleinen Kieseln gehören zur fachgerechten Gestaltung. Als charakteristisch gelten die schweren steinernen Laternen. Unter den Pflanzen findet man besonders häufig Bambus und kleine, geschlitztblättrige Ahornarten.
Aber auch bei der herkömmlichen Teichgestal-

Durch eine bepflanzte Wanne wird die alte Handpumpe im Garten zu einem zusätzlichen Blickfang.

tung spielen **Steine** eine gewichtige Rolle: Durch geschickte Verwendung entstehen auf engstem Raum ganze Landschaften mit Hügeln und Gewässern.

Wenn dann noch zum Beispiel eine geschmackvolle Wasserfontäne hinzukommt, können gelungene Bilder entstehen, zu denen keine Pflanzen mehr nötig sind.

Gut eingewachsener, naturnah gestalteter kleiner Folienteich mit Seerosen, Tannenwedel und Seggen.

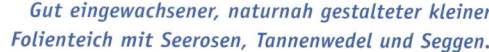

Kieselsteine schaffen einen harmonischen Übergang zwischen Terrasse und Wasserfläche.

Teich an der Terrasse

Ein Teich am Rand der Terrasse stellt den Übergang zum angrenzenden Garten her. Die feucht-kühle Atmosphäre wirkt im Sommer erfrischend. Aus räumlichen oder gestalterischen Gründen wird auch hier oft ein Miniteich bevorzugt. Da der Terrassenstandort in der Regel sonnig ist, sollte man darauf achten, daß sich der Teichbehälter nicht zu sehr aufheizen kann. Dies gelingt in der Regel im Schatten einer Sichtschutzwand, eines Mäuerchens oder hoher Pflanzen, die für eine behagliche Atmosphäre sorgen.

In direkter Nachbarschaft zum Sitzplatz läßt sich ein kleines Biotop bequem aus der Nähe betrachten. **Freistehende Gefäße** kommen dieser Nutzungsmöglichkeit

noch mehr entgegen als zum Beispiel ein versenkter Fertigteich aus Kunststoff. Bei der Neuanlage der Terrasse kann man gleich einen Teich mit einplanen. Zum Beispiel läßt sich ein **Becken im Bodenbelag** einbauen, dessen Oberfläche mit den Wegplatten abschließt. Hierfür eignet sich ein Fertigbecken ebenso wie eine Konstruktion aus Beton oder sogar mit Teichfolie. Die angrenzenden Terrassenplatten läßt man, stabil aufliegend, knapp über den oberen Beckenrand stehen. Wichtig ist in solchen Fällen, die Platten so zu verlegen, daß sie nicht wackeln oder gar mit der Zeit abrutschen. Dazu wird meist ein Betonkeil untergebaut. Auch mit Kiesel- oder bepflanzbaren

Wenn das Wasserbecken im Terrassenboden eingebaut wird, müssen die angrenzenden Platten auf einem Betonsockel verlegt werden.

Tuffsteinen läßt sich verhindern, daß jemand versehentlich in den Teich tritt. Es empfiehlt sich, in das Becken am Terrassenrand als optische Barriere höhere Pflanzen zu setzen, wie Binsen, Iris, Blutweiderich oder Hechtkraut. Außerdem darf man auch bei kleinen Teichen die Kindersicherung nicht vergessen. So schön der Teich an der Terrasse wirkt: Wasser besitzt eine magische Anziehungskraft auf kleine Kinder. Bei freiem Zugang muß man daher nicht nur an die Kinder im eigenen Hause denken, sondern auch an zufällige Besucher. Bei über 20 cm tiefem Wasser sind dann geeignete

Ein mit Wasserpflanzen besetzter Brunnen bringt Abwechslung auf den Schulhof und lädt zum Verweilen ein.

Maßnahmen zu ergreifen. Mit Hilfe von übereinanderliegenden Holzschwellen oder stehenden Rundholzpalisaden läßt sich ein **erhobener Teich** anlegen, auf dessen Rand man sitzen kann. Die Folienabdichtung wird innen an den Hölzern hochgezogen. Wenn das

oberste Kantholz hoch genug liegt, darf man die Folie darunter durchführen. Eisenbahnschwellen sind aufgrund der enthaltenen

Sandkasten-Landschaft

Ein nicht mehr benötigter Sandkasten läßt sich aufwerten, indem man ihn mit Erde füllt, ein oder mehrere kleine Gefäße hineinsetzt und zum Beispiel mit einer Zwerg-Seerose, einer Wasseriris, einem Sumpfvergißmeinnicht und etwas Hornkraut bepflanzt. Im umgebenden Trockenbereich wirken niedrige Blatt- und Blütenpflanzen harmonisch, wie Fettkraut, Funkien, Dreimasterblume, Elfenblume, Frauenmantel oder auch verschiedene Gräser.

Der Pflanzkasten an der Sichtschutzwand – auch als Teich denkbar.

Verunreinigungen für diesen Zweck nicht geeignet. Wie wäre es, die Sichtschutzwand oder das Pergolagitter (zur Abgrenzug der Terrasse) durch einen kleinen Wassergarten zu veredeln? Statt einen **Holzkasten** mit Erde zu füllen und zum Beispiel mit den sonst üblichen Kletterpflanzen zu besetzen, wird er innen zunächst mit Teichfolie ausgekleidet. Man kann dazu ein Holzgefäß aus dem Baumarkt verwenden. Selbstverständlich dürfen Hobbybastler auch ihre Fantasie spielen lassen und eigene Konstruktionen entwerfen.

Die Folie muß locker verlegt und am oberen Rand festgenagelt werden, damit sie beim Einfüllen von Wasser und Substrat nicht verrutscht. Je nach Tiefe des Kastens kann man schließlich die passenden Sumpf- und Wasserpflanzen einsetzen. Wenn genügend Platz zur Verfügung steht, lassen sich in der Umgebung mit Trögen und Schalen weitere Miniteiche drapieren.

Gelegentlich besteht der Wunsch, einen **alten Brunnen** durch Bepflanzung lebendiger zu gestalten. Häufig geschieht das auch in öffentlichen Anlagen oder Schulhöfen. Damit keine Erde ins Wasser gelangt, sollte man hierfür mit Lehm befüllte Kokos-Pflanzkörbe verwenden. Für ausreichend große Becken eignen sich zum Beispiel: Blutweiderich, Hechtkraut, Unterwasser-Hahnenfuß, Laichkraut, Seerose, Seggen (je nach Wasserstand). Bei kleineren Brunnen beschränkt man sich auf Sumpfdotter- und Gauklerblume, Zwerg-Rohrkolben, Amerikanische oder Sibirische Sumpfiris, Hornkraut, Froschbiß und

Zwerg-Seerose.

Auch eine Vogeltränke oder ein **Vogelbad** läßt sich durch eine teichartige Bepflanzung aufpeppen. Hier ist jedoch in aller Regel die Gefäßgröße der beschränkende Faktor: Natürlich muß genügend Wasserfläche frei bleiben, damit die Vögel noch Zugang haben und nach Lust plätschern können. Am besten eignen sich Schwimmpflanzen wie Muschelblume, Schwimmfarn, Wasserhyazinthe oder Feenmoos. Bei größeren Vogelbädern ist es auch möglich, zum Beispiel eine Köpfchenbinse *(Juncus ensifolius)* oder eine Blaubinse *(Juncus inflexus)* mit etwas Lehm einzusetzen. Die nähere Umgebung sollte allerdings frei bleiben von größeren Stauden und Gehölzen, deren Schutz Katzen nutzen könnten, um sich anzuschleichen. Wenn das Gelände im Anschluß an die Terrasse abfällt, bietet sich eine hübsche Lösung an, indem man am **Hang** einen Steingarten anlegt oder andere Stauden pflanzt und dazwischen ein oder mehrere Gefäße eingräbt (unter Zuhilfenahme einer Wasserwaage). Wenn man sie geschickt plaziert, entsteht beinahe der Eindruck eines kleinen Wasserlaufs. Ein künstliches fließendes Bächlein läßt sich allerdings nur mit Hilfe einer Pumpe in Gang bringen.

Geschmackvoll für Gaumen und Augen: die Kräuterspirale

Die Kräuterspirale ist ein beliebtes Gestaltungselement im Garten, durch das auf kleiner Fläche für die verschiedenen Kräuterarten geeignete Standorte angeboten werden. Dazu gehört nicht nur die besonders sonnig-warme und durchlässige Lage am Gipfel der Spirale, sondern auch ein kleiner Teich mit seinem feuchten Uferbereich. Er liefert den Lebensraum für Brunnenkresse, Kalmus, Fieberklee, Kleinen Baldrian, Huflattich und vor allem verschiedene Minze-Arten. Gleichzeitig soll das von der Wasseroberfläche reflektierte Licht, ebenso wie die von den Steinen gespeicherte Wärme, das Kleinklima verbessern. Die solchermaßen optimierten Bedingungen schlagen sich schließlich bei den

Kräutern in hohen Wirkstoffgehalten nieder.
Auch die Kräuterspirale bildet also eine Mini-Landschaft. Als deren Bestandteil sollte der Teich nicht mehr als ein Drittel ihrer Gesamtfläche einnehmen. Da die Kräuter häufig in der Küche gebraucht werden, bietet sich ein Standort an der Terrasse an. Dadurch wird auch ein fließender Übergang zum Garten geschaffen. Und die aromatischen Düfte der Pflanzen können sich in der Nähe des Sitzplatzes verbreiten.
Der kleine Teich wird an der Südseite der Spirale angelegt. Ihr Bau erfordert einigen Aufwand, aber das Ergebnis wird bald alle Mühen vergessen lassen. Als Gefäß gräbt man am einfach-

sten einen Plastikbehälter ein, zum Beispiel eine Mörtelwanne. Mit einem Stück Teichfolie dagegen lassen sich unregelmäßige Formen und verschiedene Wassertiefen erzielen. Zur dekorativen Ergänzung der Heil- und Gewürzpflanzen kann man bei ausreichender Größe auch Sumpfdotterblume, Gauklerblume oder eine kleine Seerose ansiedeln. Allzu hohe oder üppig wachsende Arten jedoch würden die Miniatur-Landschaft optisch beherrschen. Von solchen Wasserpflanzen ist abzusehen.

Die Kräuterspirale bietet vielfältigen Lebensraum.

Wassergärten auf dem Balkon

Miniteiche stellen eine reiz-
volle Alternative dar zu den
üblichen Blumenkästen mit
Geranien und Petunien, um
den Balkon abwechslungs-
reicher zu gestalten. Sie
sind vor allem für Natur-
freunde eine beliebte
Lösung, die auf ihrem kleinen „Freigelände" interessante Tiere und Pflanzen
beobachten möchten.
Allerdings ist unbedingt die
Tragfähigkeit des Balkons
zu berücksichtigen, denn
Wassergefäße entwickeln
ein beachtliches Gewicht.
Eventuell muß man sich auf
wenige kleine oder ein mit-
telgroßes Gefäß beschrän-
ken, insbesondere wenn
noch Steine zur Dekoration
verwendet werden. Dann
lassen sich die Miniteiche
auch gut mit Erdgefäßen
kombinieren, die zum Bei-
spiel mit einer Funkie,
einer Taglilie oder Haus-
wurz-Arten bepflanzt sind.
Auf dem Balkon ist es
außerdem wichtig, daß die
Behälter **hundertprozentig
dicht** sind. Damit keine
Wasserschäden drohen,
sollte dies regelmäßig
überprüft werden.
Damit es nicht zu unruhig
wirkt, sollte man nur
Gefäße aus einem zur

Auf die Tragfähigkeit des Balkons ist unbedingt zu achten: Kübel mit Blutweiderich, daneben Taglilie und Sommerflor.

Umgebung passenden Ma-
terial verwenden. Wuchtige
Behälter sind besonders in
räumlich beengten Situatio-
nen zu vermeiden. Selbst
mit hohen Pflanzen sollte
man hier zurückhaltend
sein. Ein Holzfaß erreicht
mit seinen Ausmaßen die
Grenze des Zumutbaren.
Kleine Ton- und Keramik-
schalen kommen meist am
besten zur Geltung. Durch
Kombination verschiedener
Größen, Formen und Farben
läßt sich immer noch genug
Abwechslung erzielen.

Auf einer Loggia oder
einem anderweitig beschat-
teten Balkon empfiehlt es
sich, die Wassergärten
etwas erhöht aufzustellen,
damit sie mehr Licht
bekommen. (Ziegel-)Steine
oder dicke Baumscheiben
beispielsweise eignen sich
als Unterlage.
Auf größeren Balkonen
kann man mit etwas hand-
werklichem Geschick auch
Baumaßnahmen in Angriff
nehmen, zum Beispiel ein
gemauertes Becken an
einer Seitenwand oder in

Ein gemauertes, mit Folie ausgekleidetes Becken eröffnet ganz neue Möglichkeiten für eine Balkonbepflanzung.

einer Nische des Balkons. Auch ein am Mauerwerk befestigter Rahmen, ausgekleidet mit Teichfolie, kann den Wunsch nach einem Miniteich erfüllen.

Auf Balkonen, die ungeschützt dem **Wind** ausgesetzt sind, sollte man auf hohe Pflanzen verzichten und statt dessen niedrige und schwimmende sowie robuste Pflanzen bevorzugen, die nicht beim ersten Windstoß umknicken, zum Beispiel Sumpfdotterblume, Fieberklee, Bachnelkenwurz, Gauklerblume sowie Froschbiß oder Wassernuß.

In flachen Gefäßen kann man sich auf ein **Sumpfbeet** beschränken, das allerdings sehr hübsche

Bepflanzungsmöglichkeiten eröffnet. Sogar Balkonkästen lassen sich dazu verwenden, entweder aus Holz, innen mit Teichfolie ausgekleidet, oder aus Kunststoff ohne Abflußlöcher.

Eine Menge Pflanzen eignen

sich für diesen Standort, von Sumpfdotter-, Gelenk- und Gauklerblume, Rosen- und Etagenprimeln, Lobelie und Sumpfvergißmeinnicht, Pfennigkraut und Nadelsimse bis hin zum Blutweiderich mit seinen hohen, purpurroten Blütenständen.

Ein **altes Aquarium** kann je nach Größe mit einem höher wachsenden Gras (z. B. Ufersegge oder Zypergras) und einigen Schwimmpflanzen (Muschelblume, Feenmoos) bepflanzt werden, aber auch mit Schwanenblume, Pfeilkraut oder verschiedenen Iris-Arten.

Die Entleerung der Gefäße vor dem Winter kann ein Problem werden, wenn kein Abfluß vorhanden ist. Durch Verwendung frostharter Gefäße und Pflanzen kann man dem vorbeugen.

Mal was anderes: Balkonkasten mit Eidechsenschwanz, Wasserhahnenfuß, Blauer Gauklerblume und Froschlöffel.

Die Bepflanzung im Wintergarten muß sich daran orientieren, ob er ganzjährig beheizt oder lediglich frostfrei gehalten wird.

Wasserbecken im Wintergarten

Bei einem Teich im Wintergarten können Wasserpflanzen-Liebhaber endlich all jene ausgefallenen tropischen Arten einsetzen, denen es in unseren Breitengraden zu kalt ist. Durch einen Teich wird das Raumklima verbessert, weil er eine höhere Luftfeuchtigkeit verursacht. Die kommt auch den Wasserpflanzen zugute. Als zusätzlichen Lohn erhält die Räumlichkeit exotisches Flair.
Bei der Nutzung kommt es allerdings darauf an, ob der Wintergarten beheizt wird oder nicht. Wird er lediglich **frostfrei** gehalten, so wäre

es der ideale Raum zur Überwinterung der meisten empfindlichen Balkon- und Wasserpflanzen. Eine Beheizung im Winter auf Wohntemperatur ist dem eher abträglich.
Im **beheizten** Wintergarten fühlen sich nur tropische Pflanzenarten wohl, die keine ausgeprägte Ruhephase brauchen und auch im Winter Wärme gewohnt sind. Damit sie ganzjährig wachsen, sollten die Temperaturen tagsüber mindestens 18 °C und nachts 10 °C betragen. Einheimische Wasserpflanzen sind für einen geheizten Wintergarten nicht geeignet.
Wie auch auf Balkon und Terrasse kommt es auf den

verfügbaren Platz an, welche Gefäße sich am besten eignen. Vor allem in ebenerdigen Wintergärten kann man sich auch große Behälter wie ein Holzfaß vorstellen sowie erhöhte oder gar gemauerte Becken.
Eine **Schattierung** ist im Sommer unentbehrlich für Mensch und Pflanze. An heißen Sommertagen sollte sie unbedingt in Betrieb genommen werden. Wenn der Wintergarten dagegen an einer schattigen Nordseite liegt, wäre es sinnvoll, vor allem tropische Pflanzenarten durch eine spezielle Vegetationslampe zusätzlich zu belichten.

Wasser in Bewegung

Sprudelndes Wasser wirkt belebend. Andererseits gibt es kaum etwas beruhigenderes als das sanfte Plätschern eines Bächleins oder einer Quelle. Springbrunnen und Quellsteine sprechen also das Gemüt in doppelter Hinsicht an. Das dürfte auch der Grund sein für ihre Beliebtheit.
In den Bau- und Gartenmärkten gibt es eine große Auswahl an Pumpen und Fontänen sowie dekorativem Zubehör. Wer auf die Bepflanzung Wert legt, sollte darauf achten, daß der

Wasserfluß nicht zu heftig ist. Ein Miniteich wirkt dadurch schnell überfrachtet, und auch viele Pflanzen würden die **kräftige Bewegung** nicht vertragen. Seerosen und Wasserspeier in einem Becken sind völlig inkompatibel.

Es lohnt sich, nach Formen oder Figuren Ausschau zu halten, die mit der Umgebung harmonieren und dem eigenen Geschmack entsprechen. Wichtig ist, daß auf die **Proportionen** geachtet wird: Ein Springbrunnen oder eine Skulptur darf die Gefäße und die Bepflanzung des Wassergartens nicht völlig in den Hintergrund drängen. Außerdem muß das Wasserbecken ausreichend groß sein, um der dazugehörigen **Tauchpumpe** Platz bieten zu können. Für einen **Quellstein** ist ein größeres Auffangbecken erforderlich, in dem auch die Pumpe steht. Da dies meist nicht besonders attraktiv aussieht, wird es in der Regel im Boden versenkt. Der Findling mit dem Loch, aus dem das Wasser sprudelt, liegt dabei auf einem stabilen Gitterrost, den man am besten mit Kies überdeckt. Solch ein Quellstein kann in den meisten Fällen nur neben der Terrasse oder im Garten installiert

Mühlstein mit darunter liegendem Auffangbecken und Tauchpumpe. Die Installation überläßt man dem Fachmann!

werden. Für die Besorgung und Bearbeitung der Steine kann man sich an einen Steinmetz wenden.

Es empfiehlt sich, die **elektrischen Installationen** dem Fachmann zu überlassen. Er wird auch einen Fehlerstromschutzschalter einbauen, der im Gefahrenfall für die Abschaltung sorgt.

Ein kleines Sprudelbecken kann im Eigenbau nach eigenen Vorstellungen gestaltet werden.

Mit Quellstein, Kies, Kleingehölzen und anderen dekorativen Elementen wird der Übergang vom Wasser zur Umgebung gestaltet.

Das Umfeld gestalterisch anpassen

Die umgebende Bepflanzung des Miniteichs ist für dessen Wirkung von großer Bedeutung. Üppig blühende Stauden oder Balkonpflanzen würden die eher zarten Gebilde optisch erdrücken. Stattdessen sollte man auf einen **ruhigen Hintergrund** achten. Blattpflanzen, vor allem Gräser, Farne oder die momentan sehr beliebten Funkien, lassen die grazilen Blüten und die gefiederten Blättchen der Wasserpflanzen am besten zur Geltung kommen. Eine Mauer oder eine Sichtschutzwand gibt dem kleinen Wassergarten Halt. Als

Wandbegrünung sind Kletterpflanzen ohne auffälligen Blütenschmuck vorzuziehen. Auch bei anderen raumbildenden Pflanzen sollte man **klare und einfache Strukturen** bevorzugen, wie dies beim Bambus oder den kleinen, geschlitztblättrigen Ahorn-Arten der Fall ist. Auch Weiden passen sehr gut in die Umgebung des Miniteichs; sie lassen sich einfach durch Steckhölzer vermehren. Allerdings müssen sie separat in einen wasserdichten Topf gepflanzt und durch regelmäßigen Schnitt kleingehalten werden. Kleine Gehölze oder Kübelpflanzen in der Umgebung können auch gezielt als

Abschirmung benutzt werden, damit die Wassergärten nicht zu stark der prallen Sonne ausgesetzt sind. Sie schützen gleichzeitig vor dem Wind, der sonst leicht die zarten Halme der höheren Arten abknickt.

Große Bäume in unmittelbarer Nachbarschaft würden die Dimension sprengen. Umgekehrt kann man aber bei Wassergärten in Gefäßen auch auf Bäume zurückgreifen, die ebenfalls in kleinen Gefäßen gedeihen, nämlich die beliebten **Bonsai**. Mit diesen Zwergbäumen nach fernöstlichem Vorbild und unserem Miniteich lassen sich ganze Landschaften im Kleinstformat nachbilden.

Sehr hübsch wirkt eine **Natursteinmauer** mit der typisch kargen Bepflanzung oder ein kleiner **Steingarten** in unmittelbarer Nachbarschaft zum Miniteich. Zwischen den Wassergefäßen kann man zu diesem Zweck kleinere und größere Steine derselben Art auslegen und mit Steinbrech- und Hauswurz-Arten oder auch Polsterblumen bepflanzen. So läßt sich ein kleines Gebirgsgelände gestalten, dessen Blütezeit im Frühjahr liegt – lange, bevor die Wasserpflanzen ihre volle Wirkung erzielen können.

Ränder und Zwischenräume

Unschöne Ränder oder auch Gefäße sowie kahle Zwischenräume sollten nach Möglichkeit etwas versteckt werden. Dazu stehen Kieselsteine, Wurzelstöcke oder überhängende Pflanzen zur Verfügung. Die Ränder im Boden versenkter Gefäße können auch mit Wegplatten oder Rasensoden abgedeckt werden.

Entscheidend ist, daß sich die verwendeten Materialien in die Umgebung einfügen und nicht in den Vordergrund drängen. Kieselsteine findet man in der Regel am nächsten Fluß. Wenn diese Möglichkeit nicht offensteht, muß man sie sich beim Landschaftsgärtner,

Das Pfennigkraut verdeckt als Unterpflanzung der Amerikanischen Sumpfiris geschickt die Ränder des Gefäßes.

im Gartencenter oder beim Baustoffhandel besorgen. Auch knorrige alte Wurzelstöcke kann man auf diese Weise erstehen. Es ist allerdings wesentlich spannender, wenn man selbst im Wald auf die Suche geht nach einem besonders geheimnisumwitterten Exemplar.

Die verwendeten Pflanzen sollten zuverlässig niedrig bleiben und nur die gewünschten Flächen bedecken. Das Pfennigkraut *(Lysimachia nummularia)* gehört zu den kriechenden Arten, die auf frischem Gartenboden wachsen und ins Wasser hineinragen können. Die Triebe liegen auf der Wasseroberfläche und schaffen einen natürlich wirkenden Übergang. Der Silberwurz *(Dryas x suendermannii)* vollbringt ähnliches,

Sorgfältig kombinierte Holztröge vor einem Springbrunnen machen aus einer langweiligen Terrassenecke ein gefälliges Arrangement.

bevorzugt allerdings trockenen Untergrund bis hin zum Steingarten. Das Brasilianische Tausendblatt (*Myriophyllum brasiliense*) wiederum schiebt seine zart gefiederten Triebe vom Wasser aus über den Teichrand und stellt so die Verbindung zum Festland her.

Dekoratives Drumherum
Für die dekorative Gestaltung einer kleinen Teichlandschaft gibt es ungezählte Möglichkeiten. Ein „Klassiker" am Wassergarten sind kleine **Springbrunnen** und Fontänen. Wasserspeiende Frösche oder andere Figuren aus Stein oder Bronce wirken am Miniteich ebenso

unterhaltsam und lebendig wie an einer großen Teichanlage. Sie werden in der Regel durch eine kleine Pumpe betrieben. Allerdings ist unbedingt darauf zu achten, daß durch das Wasserspiel die Relation zur Gesamtanlage nicht völlig aus dem Gleichgewicht gerät. Glücklicherweise gibt es mittlerweile zahlreiche Angebote mit kleinen Ausmaßen. Im übrigen vertragen viele Pflanzen und Tiere die dauernde Berieselung nicht. Deshalb werden die Fontänen oft in ein eigenes Becken ausquartiert, wo sie keinen Schaden anrichten können.

Auch Quellsteine gibt es im Kleinformat, passend zum Miniteich. Die sanfte Bewegung wirkt auf den Betrachter äußerst beruhigend. Teilweise werden Quellsteine im Bausatz angeboten, als komplette Teichanlage mitsamt Pumpe und Wasser-Sammelbecken, so daß nur noch die Bepflanzung ergänzt werden muß. Sehr beliebt sind auch die glattgeschliffenen Steinkugeln, die sich auf einer dünnen, durch Pumpdruck erzeugten Wasserschicht scheinbar schwerelos drehen lassen.
Solche Anlagen leiten fast stufenlos über zu den Zimmerbrunnen, wie sie häufig angeboten werden. Ihr Mittelpunkt sind manchmal kunstgeschmiedete Wasserspiele oder verwitterte Steine, aus denen nach Wunsch nicht nur Wasser quillt, sondern sogar Nebelschwaden. Diese Zimmerbrunnen werden allerdings in Gartencentern und auf Messen fertig angeboten, so daß sich Hinweise zur weiteren

Quellsteine in Verbindung mit einer Beleuchtung machen sich gut in Terrassennähe.

Eine gelungene Kombination: Der Krug nimmt die Struktur des Wegpflasters auf.

Gestaltung mit Pflanzen und anderem erübrigen. Natürlich gibt es auch zahlreiche Skulpturen, die ohne elektrische Installationen den Miniteich verzieren können. Im Gartencenter findet man Kugeln und Figuren aus Ton, Keramik oder Glas. Auch zahlreiche Schwimmelemente werden angeboten.

Die Grenzen werden in erster Linie vom Inhalt des Geldbeutels und vom persönlichen Geschmack abgesteckt.

Auch schon ein paar Schwimmkerzen zaubern an lauen Sommerabenden eine hübsche Atmosphäre. Mit etwas mehr Aufwand kann man den Teich elektrisch beleuchten. Verschiedene Hersteller bieten kleine Lampen ebenso an wie asiatische Steinlaternen. Manche Fabrikate werden per Sonnenlicht betrieben. Besonders faszinierend wirken Strahler unter der Wasseroberfläche. Sie müssen allerdings unbedingt von einem Fachmann installiert werden (FI-/Fehlerschutz-Schalter)! Von einem regelmäßigen Nachtbetrieb ist abzuraten, weil dadurch Pflanzen und Tiere aus dem Rhythmus gebracht werden. Man sollte die Lichter nur dann anschalten, wenn eine besondere Stimmung gewünscht wird.

Teiche im Format eines im Boden versenkten Kunststoff-Fertigteichs können durch einen Trittstein oder ein Brücklein (aus einem stabilen Brett) gestalterisch in die Umgebung eingebunden werden. Der praktische Zweck dieser Elemente ist eher gering, weil man bei diesen Größenverhältnissen auch ohne Hilfestellung über den Teich schreiten oder ihn von allen Seiten aus der Nähe betrachten kann.

58

Im Sumpfkübel gedeihen Gauk-
lerblume, Sumpfprimel und Iris.
Die dekorative Keramikschnecke
verleiht den letzten Pfiff.

der stellt, wird dennoch ein
vielgestaltiger Eindruck ver-
mittelt. Während dann in
einer flachen Schale Sumpfpflanzen gedeihen, bietet
ein rundliches Gefäß die
richtige Wassertiefe für
kleine Seerosen, und in
einem größeren Behälter
stehen hohe Arten wie Iris,
Kalmus, Pfeilkraut oder
Rohrkolben.

Bei der **Anordnung der
Pflanzen** in einem Behälter
sollte man darauf achten,
welche Seite dem Betrachter
zugewandt ist. Hochwach-
sende Arten wie die letztgenannten sind aus dieser
Perspektive nach hinten zu
plazieren. Für eine gelungene Zusammenstellung sollte
man sie mit halbhohen und
überhängenden Arten kom-
binieren sowie strenge (Gräser) und grazile Pflanzen-
gestalten gut mischen.

Auf den Wasserstand
kommt es an

Die Bepflanzung relativ
kleiner Gefäße wird erst
durch den Umstand ermög-
licht, daß die meisten
Pflanzen im feuchten Milieu

Pflanzen und
Gefäße harmonisch
kombinieren

Im Medium Wasser verbrei-
ten sich die Pflanzen in
der Regel schneller als auf
festem Untergrund. Deshalb
ist es wichtig, daß man den
Miniteich nicht überfrachtet. Ein dichter Pflanzen-
teppich gleich nach der
Bepflanzung mag zunächst
einen eingewachsenen Ein-
druck vermitteln. Aber
schon einige Wochen

danach ist der Spaß zu
Ende – wenn die rasch
wachsenden Triebe die
gesamte Wasseroberfläche
und sich gegenseitig **über-
wuchern**.

In einem Kunststoff-Fertig-
teich oder anderen größe-
ren Anlagen kann man
natürlich mehrere Pflanzenarten ansiedeln. Bei **kleinen Gefäßen** dagegen
empfiehlt es sich oft, sich
auf jeweils eine oder höchstens zwei Pflanzenarten zu
beschränken. Wenn man
mehrere davon nebeneinan-

sehr flach wurzeln. Die **Erd-schicht** muß dazu nur etwa 10 bis 15 cm stark sein. Unterschiedlich sind hingegen die Ansprüche an den Wasserstand.

Dauerhaft feuchte und nasse Erde ist die Heimat der **Sumpfpflanzen**. Dabei wird nur in Ausnahmefällen ein Wasserspiegel sichtbar. Trotzdem können hier auch zahlreiche Arten gedeihen, die üblicherweise einen **flachen Wasserstand** von 5 bis 10 cm gewöhnt sind. Bei tieferen Gefäßen mit höherem Wasserstand über dem Substrat beginnt – zumindest bei unseren Miniteichen – der **Bereich der Schwimm- und Unterwasserpflanzen** sowie der Seerosen.

Unterschiedliche Wassertiefen innerhalb eines

Behälters lassen sich erzielen, indem man zum Beispiel einen Stein unterlegt. Um verschiedene Substrathöhen zu erhalten, kann auch der jeweils erhöhte Bereich mit Steinen umgrenzt werden. Ist ein Behälter zu klein, um mehrere Wasserstände einzubauen, dann muß man sich auf diejenigen Arten beschränken, die mit der vorgegebenen Tiefe zurechtkommen.

Sachgerechte Bepflanzung

Pflanzen im Körbchen

Kleinere Gefäße werden in aller Regel direkt mit Erde befüllt, worin die Pflanzen wurzeln dürfen. Bei größeren Kübeln, Fässern und Becken dagegen hat man

Kokoskörbe fügen sich am besten in die natürliche Umgebung.

die Alternative, das Substrat und die Wurzeln in Körbe zu zwängen. Dadurch bleibt das Wachstum der zum Wuchern neigenden Arten etwas länger unter Kontrolle. In loser Pflanzerde können sich die Gewächse natürlich ungehemmter entfalten. Durch Unterlegen der Körbe läßt sich auf einfache Weise der gewünschte Wasserstand erzielen. Bei tiefen Fässern kann man sie auch mit Drahthaken am Rand aufhängen. Schließlich sind Körbe einfach zu transportieren und daher problem-

Wenn man die Gitterkörbe mit Zeitungspapier auslegt, kann das eingefüllte Substrat nicht herausrieseln.

loser bei der geschützten Überwinterung.

Spezielle Gitterkörbe gibt es im Fachhandel in zahlreichen Formen und Größen. Etwas teurer sind Kokoskörbe, deren natürliches Material sich besser in jeden Wassergarten einfügt als die starren Kunststoffgitter. Um zu verhindern, daß feineres Substrat durch die Lücken der Gitterkörbe krümelt, kann man zum Beispiel ein Stück eines Leinensacks oder einige Lagen Zeitungspapier unterlegen. Folie eignet sich hier weniger, weil sie nicht durchwurzelt werden kann und nicht verrottet. Es sollte vermieden werden, daß die Ränder der Körbe zu stark ins Auge fallen.

Die unterschiedliche Wuchshöhe der Pflanzen gleicht man mit untergelegten Ziegelsteinen aus.

Damit die frisch gesetzten Pflanzen nicht wieder hochschwimmen, wird das Wasser sehr langsam eingelassen.

Der Pflanzvorgang

Die Vegetationsperiode im Miniteich währt je nach Standort von März bis in den Herbst hinein. Vor dem Winter müssen zahlreiche Gefäße wieder geräumt werden. Die beste Zeit zur Bepflanzung liegt daher wie auch im Garten im Frühjahr.

Zur Pflanzung wählt man einen Tag mit bedecktem Himmel, damit die feuchtigkeitsbedürftigen Blättchen und Triebe nicht zu sehr gestreßt werden. Das Substrat sollte man vor Beginn der Arbeiten mindestens ausgiebig benässen. Am besten wäre es sogar, das Wasser gleich größtenteils einzufüllen. Denn wenn das Wasser erst danach eingelassen wird, besteht die Gefahr, daß die Wurzeln

wieder freigespült werden. Es empfiehlt sich, von außen nach innen zu arbeiten. Man beginnt also mit den flachen Bereichen und setzt erst danach die Seerosen und Unterwasserpflanzen ein. Die Schwimmpflanzen brauchen nur in das Wasser gelegt werden; sie bilden den Abschluß.

Die Pflanzenwurzeln werden zunächst von ihren Töpfen sowie von abgestorbenen Teilen befreit. Erst dann setzt man sie vorsichtig in das Substrat, ohne die zarten Triebspitzen zu beschädigen. Sie dürfen auch keinesfalls mit Kieseln oder anderen Dekorationsstücken bedeckt werden. Sobald die hochgeschwemmten Substratteilchen abgesunken sind, kann dann das Wachstum einsetzen.

Bewährte Pflanz-
kombinationen

Folgende Pflanzbeispiele können in den angegebenen, aber auch in anderen Gefäßen verwirklicht werden. Sie erleichtern besonders dem Anfänger die Qual der Wahl und verhindern, daß der Versuch, sich an etwas Neues heran zu wagen, durch schnelle Mißerfolge zunichte gemacht wird.

KERAMIKTOPF

5 bis 10 cm Wasserstand
• Gelbe Scheincalla
  (Lysichiton americanus)
• Blutauge *(Poten- tilla palustris)*
Solch ein attraktiver „Hingucker"
peppt jeden
Balkon auf.

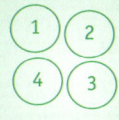

KERAMIKTOPF
ca. 10 cm Wasserstand

1 = Lobelie
2 = Zwergrohrkolben
3 = Sumpfvergißmeinnicht
4 = Sumpfcalla

Ca. 10 cm Wasserstand
siehe Bild unten
• Sumpfcalla
  (Calla palustris)
• Sumpf-Vergißmeinnicht
  (Myosotis palustris)
• Zwerg-Rohrkolben
  (Typha minima)
• Lobelie *(Lobelia fulgens)*
Eine Zusammenstellung, die sich auch für ein schattiges Plätzchen eignet.

20 bis 30 cm Wasserstand
• Papyrus *(Cyperus papyrus)*
• Muschelblume
  (Pistia stratiotes)
• Wassermohn
  (Hydrocleys nymphoides)
Diesen wärmeliebenden Wasserpflanzen gefällt es

im Sommer auch auf der Terrasse; im Winter brauchen sie ein Plätzchen im Wintergarten.

Ca. 30 cm Wasserstand
• Schwanenblume
  (Butomus umbellatus)
• Hechtkraut
  (Pontederia cordata)
• Weiße Zwergseerose
  (Nymphaea candida)
• Hornkraut *(Ceratophyllum demersum)*
Schwanenblume und Hechtkraut werden in den Hintergrund gepflanzt, damit die Zwergseerose nicht verdeckt wird.

KERAMIKSCHALE
siehe Bild Seite 62 oben

Feucht, Wasserstand +/– 0 cm, keine pralle Sonne
• Fettkraut
  (Pinguicula vulgaris)
• Sonnentau
  (Drosera rotundifolia)
• Sumpfherzblatt
  (Parnassia palustris)
• Torfmoos
  (Sphagnum spec.)
Für Mutige: Für diese zierlichen, sehr hübschen und ausgefallenen Moorbeetpflanzen (zwei Fleischfresser) braucht man schon etwas Fingerspitzengefühl.

KERAMIKSCHALE
Wasserstand +/– 0 cm

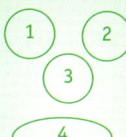

1 = Sonnentau
2 = Fettkraut
3 = Sumpfherzblatt
4 = Torfmoos

**Größere Schale,
0 bis 5 cm Wasserstand**
• Sumpfprimeln
  (Primula japonica)
• Bachnelkenwurz
  (Geum rivale)
• Sibirische Iris *(Iris sibirica)*
Diese unempfindlichen
Sumpfpflanzen vertragen
sogar ein kurzzeitiges
Austrocknen.

KLEINER STEINTROG

0 bis 5 cm Wasserstand
• Schlauchpflanze
  (Sarracenia spec.)
• Sumpffarn
  (Thelypteris palustris)
• Moosbeere
  (Vaccinium oxycoccus)
Attraktive Bepflanzung für
das Moorbeet im Halbschat-
ten, mit fleischfressender
Pflanze.

0 bis 5 cm Wasserstand
• Japan-Iris *(Iris kaempferi)*
• Blaubinse
  (Juncus inflexus)
• Münzkraut
  (Lysimachia nummularia)
Einfach schön:
Der Kontrast
zwischen den zarten
Sumpfpflanzen
und dem urwüch-
sigen Gefäß!

Ca. 10 cm Wasserstand
siehe Bild unten rechts
• Blutweiderich
  (Lythrum salicaria)
• Fieberklee
  (Menyanthes trifoliata)
• Zypergras-Segge
        *(Carex pseu-
        docyperus)*

STEINTROG
ca. 10 cm
Wasserstand

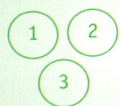

1 = Blutweiderich
2 = Segge
3 = Fieberklee

Dankbare Kombination – auch für Miniteich-Anfänger leicht anzulegen.

20 bis 30 cm Wasserstand

- Hechtkraut
  (Pontederia cordata)
- Wasserhyazinthe
  (Eichhornia crassipes)
  oder Muschelblume
  (Pistia stratiotes)
- Bras. Tausendblatt
  (Myriopyllum brasiliense)

Eine Kombination, bei der mehr Wert auf die Blattformen als auf die Blütenfülle gelegt wird.

MÖRTELWANNE

0 bis 5 cm Wasserstand

- Zypergras-Segge
  (Carex pseudocyperus)
- Trollblume *(Trollius europaeus)*

- Preiselbeere
  (Vaccinium vitis-idaea)
- Wollgras
  (Eriophorum spec.)

In saures Substrat gesetzt, wird man an dieser unempfindlichen Moorbeetpflanzung lange Freude haben.

0 bis 10 cm Wasserstand

- Sumpf-Wolfsmilch
  (Euphorbia palustris)
- Blutweiderich
  (Lythrum salicaria)
- Sumpf-Vergißmeinnicht
  (Myosotis palustris)

Diese unempfindliche und winterfeste Bepflanzung bietet sich für Einsteiger an.

5 bis 10 cm Wasserstand
siehe Bild unten

- Gestreifter Kalmus *(Acorus calamus* 'Variegatus')
- Wasserminze
  (Mentha aquatica)
- Fieberklee
  (Menyanthes trifoliata)
- Sumpfdotterblume
  (Caltha palustris) oder
  rote Seerose *(Nymphaea* 'James Brydon')
- Froschbiß
  (Hydrocharis morsusranae)

Minze und Kalmus sind die Duftpflanzen in diesem Sortiment alter Heilpflanzen.

10 bis 20 cm Wasserstand

- Blutweiderich
  (Lythrum salicaria)
- Sumpfdotterblume
  (Caltha palustris)
- Tannenwedel
  (Hippuris vulgaris)
- Nadelsimse
  (Eleocharis acicularis) oder
  Schwimmfarn
  (Salvinia natans)

MÖRTELWANNE
5 bis 10 cm Wasserstand

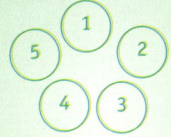

1 = Gestreifter Kalmus
2 = Wasserminze
3 = Fieberklee
4 = Sumpfdotterblume
5 = Froschbiß

Blutweiderich und Sumpf-dotterblume blühen auch im Halbschatten.

HOLZFASS

Feucht bis 5 cm Wasserstand

- Kleines Mädesüß
  (*Filipendula vulgaris*)
- Japan-Primel
  (*Primula japonica*)
- Gelbe Gauklerblume
  (*Mimulus luteus*)
- Nadelkraut
  (*Crassula recurva*)

Attraktive Sumpfbepflan-zung, bei der nichts schief-gehen kann.

5 bis 20 cm Wasserstand
siehe Bild unten rechts

- Seerose
  (*Nymphaea tetragona*)
- Wasserlinse
  (*Lemna trisulca*)
- Hechtkraut
  (*Pontederia cordata*)
- Flatterbinse
  (*Juncus effusus*)

Bei dieser Bepflanzung könnte auch noch ein Fischpaar Platz finden.

10 bis 20 cm Wasserstand

- Zebrabinse (*Scirpus lacustris ‚Zebrinus‘*) oder Froschlöffel (*Alisma plantago-aquatica*)
- rosa Seerose
  (*Nymphaea ‚Berthold‘*)

- Gauklerblume
  (*Mimulus luteus*)
- Feenmoos (*Azolla carolini-ana*) oder Nadelsimse
  (*Eleocharis acicularis*)

Die Substrathöhe darf von Feenmoos und Seerose zur Gauklerblume hin sinken.

20 bis 30 cm Wasserstand

- Schmalblättriger Rohrkol-ben (*Typha laxmannii*)
- Pfeilkraut
  (*Sagittaria* spec.)
- weiße Seerose
  (z. B. *N. odorata* ‚Minor‘)
- Wasserfeder
  (*Hottonia palustris*)

Für Puristen: Ein Miniteich mit lauter einheimi-schen, weiß blühenden Wasser-pflanzen.

GROSSES FASS

20 bis 30 cm Wasserstand

- Kanad. Reis
  (*Zizania latifolia*)
- Hechtkraut
  (*Pontederia cordata*)
- Rosa Seerose
  (*N.* ‚Madame Laydeker‘)
- Tannenwedel
  (*Hippuris vulgaris*)
- Nadelsimse
  (*Eleocharis palustris*)

Auffallend üppig: Dieser Miniteich braucht einen ganz besonderen Platz auf der Terrasse oder im Garten.

HOLZFASS
5 bis 20 cm
Wasserstand

1 2
3 4

1 = Flatterbinse
2 = Hechtkraut
3 = Seerose
4 = Wasserlinse

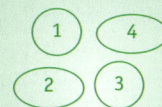

GEMAUERTES BECKEN
20 bis 30 cm Wasserstand

1 = Zimmercalla
2 = Brasilian. Tausendblatt
3 = Blaue Seerose
4 = Hornkraut

30 bis 40 cm Wasserstand
siehe Bild unten rechts
- Zypergras
  (Cyperus longus)
- Pfeilkraut *(Sagittaria sagittifolia)* oder Gelbe Wasserschwertlilie *(Iris pseudacorus)*
- rote od. rosa Seerose *(Nymphaea ‚Froebelii')*

- Hornkraut *(Ceratophyllum demersum)* oder Wasserstern *(Callitriche palustris)*
Außer der Seerose können alle diese Pflanzen im Freien überwintern.

GEMAUERTES BECKEN
(benötigt mindestens 1 m²)
im Wintergarten

20 bis 30 cm Wasserstand
siehe Bild oben links
- Zimmercalla *(Zantedeschia aethiopica)*
- Brasilian. Tausendblatt *(Myriophyllum brasiliense)*
- Blaue Seerose (z. B. *Nymphaea daubenyana*)
- Hornkraut *(Ceratophyllum demersum)*
Zimmercalla und blaue Seerose sind nicht winterhart und zeigen nur im Wintergarten ihre wunderschönen Blüten!

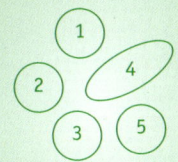

GROSSES FASS
30 bis 40 cm
Wasserstand

1 = Zyperngras
2 = Gelbe Wasserschwertlilie
3 = Rote Seerose
4 = Hornkraut
5 = Pfeilkraut

Probleme mit Wasserpflanzen?

Wenn Sie die vorgenannten Kombinationen ausprobieren, können eigentlich nur noch Schädlinge oder Krankheiten den Erfolg der Pflanzung gefährden. Deshalb folgt hier noch ein kurzes Kapitel, das sich mit solchen Schaderregern beschäftigt.

Wasserpflanzen sind in der Regel weniger anfällig als die meisten anderen Arten, und sie gehen nur in den seltensten Fällen völlig ein.

Allerdings sind beschädigte Blätter Anlaß genug, schon beim Kauf auf etwaigen Befall zu achten; denn häufig werden Schädlinge auf diese Weise eingeschleppt.

Vorbeugend kommt es vor allem darauf an, das biologische Gleichgewicht des kleinen Lebensraums durch regelmäßige Korrekturen aufrecht zu erhalten. Treten Schädlinge auf, so kann man diese von Hand absammeln; schon mit solch einfachen Maßnahmen läßt sich das Überhandnehmen einzelner Organismen unterbinden. Zur Abwehr werden außerdem gerne geruchsintensive Arten in der Umgebung gepflanzt, wie Pfefferminze oder Knoblauch. Eine chemische Bekämpfung jedoch ist im Miniteich tabu. Denn solch ein gravierender Eingriff kann in dem kleinen, empfindlichen Lebensraum unübersehbare Folgen haben, für Pflanzen ebenso wie für tierische Bewohner. Nur in Einzelfällen dürfen mit harmlosen Präparaten ganz gezielte Maßnahmen ergriffen werden.

Die Seerosen-Blattlaus befällt nicht nur Seerosen, sondern häufig auch die Blätter anderer Wasserpflanzen. Wenn man nicht die Geduld hat, die Wirkung nützlicher Gegenspieler abzuwarten, dann kann man die Schädlinge abwischen, mit einem starken Wasserstrahl abspritzen oder notfalls mit Brennesselbrühe besprühen. Das wirkt auch gegen die Weiße Fliege, falls sich diese bei sommerlicher Witterung an Begleitpflanzen einfinden.

Gegen die weit verbreiteten Spinnmilben kann man die Blätter mit einer Lösung aus Schmierseife mit einem Zusatz von Spiritus abwaschen. Diese Lösung darf aber auf keinen Fall ins Wasser gelangen! Notfalls muß man daher die Pflanzen zur Behandlung aus dem Teichbecken heraus nehmen.

Der kleine braune Seerosenblattkäfer legt seine Eier auf den Blattoberseiten von Seerosen und anderen Schwimmblattpflanzen ab. Käfer wie Larven schädigen dort durch ihre Fraßtätigkeit. Im allgemeinen läßt sich der Schädling durch Absammeln in Schach halten. Notfalls kann man auch ein *Bacillus-thuringiensis*-Präparat über die Blätter sprühen (z. B. Raupenspritzmittel von Neudorff).

Fische im Miniteich

Vorab sei gesagt, daß Fische im Miniteich keine günstigen Lebensbedingungen finden. In den meisten Gefäßen bleibt ihnen nicht genügend Raum. Wenn sich das Wasser im Sommer erhitzt, wird es den Fischen zu heiß. Und mit ihren Stoffwechsel-Ausscheidungen reichern sie das Wasser stark mit Nährstoffen an, die zum Wachstum der Algen beitragen. Dabei hat der Teichbesitzer gar nicht soviel von den Fischen: Im Gegensatz zum Aquarium sind die meisten Gefäße undurchsichtig, so daß man

die Tiere lediglich aus der „Vogelperspektive" beobachten kann.

Wer trotz dieser Bedenken nicht auf Fische verzichten möchte, braucht dazu einen möglichst großen und mindestens 30 cm hohen Behälter. Ein vollsonniger Stand, der eigentlich von vielen Pflanzen bevorzugt wird, ist wegen der Erwärmung ungeeignet. Vorbeugend kann man einige Schwimmblattpflanzen einsetzen, zu denen auch die Seerosen gehören: Indem sie die Oberfläche des Wassers bedecken, verlangsamen sie dessen Aufheizung. Außerdem sollten Unterwasserpflanzen vorhanden sein, die das Wasser mit

Sauerstoff anreichern und das Algenwachstum einschränken.

Auch wenn man all diese Maßnahmen beherzigt, sollte nicht mehr als eine Fischart in einem Miniteich gehalten werden. Kleine Arten sind zu bevorzugen, damit eine ganze Gruppe eingesetzt werden kann. Aber selbst in größeren Behältern sollten es nicht mehr als fünf bis sechs Individuen sein.

Damit sich die Fische wohl fühlen, muß man ihnen außerdem einen stabilen Unterschlupf anbieten. Aus Wurzeln und Steinen lassen sich entsprechende Möglichkeiten gestalten.

Die Goldorfe ist ein Schwarmfisch und braucht unbedingt Gesellschaft. Sie eignet sich nur für große Kübel.

Der Bitterling ernährt sich von Pflanzenteilen und Kleingetier.

Geeignete Fischarten

Bitterling

(Rhodeus sericeus amarus)
Der Bitterling wird etwa
6 bis 8 cm lang. Er verträgt
Temperaturschwankungen
des Wassers relativ gut und
ist auch sonst ziemlich
anspruchslos. Der Schwarmfisch lebt bevorzugt in
Gruppen von mindestens
drei Tieren. Sie ernähren
sich ebenso von Pflanzen-
teilen wie von Kleintieren.
Eine Vermehrung kann nur
stattfinden, wenn sich im
Becken auch eine Süßwas-
sermuschel befindet.

Elritze

(Phoxinus phoxinus)
Elritzen können nur in ausreichend tiefen Behältern
leben, die nicht zu direkt
der Sonne ausgesetzt sind.
Bei zu warmem Wasser lei-

det diese Art schnell unter
Sauerstoffmangel. Bei
geeigneten Bedingungen
sind die Tiere ansonsten
unkompliziert und mit
nicht mehr als 10 cm Länge
auch für kleine Anlagen
geeignet. Die Nahrung des
räuberischen Schwarmfi-
sches bilden Insekten und
deren Larven.

Goldfisch

(Carassius auratus auratus)
Der Goldfisch ist in der
Haltung ziemlich unkompliziert und verträgt warmes
Wasser besser als die meisten anderen Arten. Da
sie außerdem schnell heran-
wachsen und sich vermeh-
ren, überstehen sie die
Lebensbedingungen im
Miniteich am besten. Das
gilt allerdings nicht für die
Zuchtformen. Sie reagieren
deutlich empfindlicher.
Diese Vitalität hat auch
ein paar Nachteile: Weil
Goldfische gerne an jungen
Pflanzenteilen nagen, können sie im Miniteich sicht-
bare Schäden verursachen.
Außerdem wird das Wasser
häufig trüb, weil sie bei
der Nahrungssuche gerne
im Schlamm wühlen. Es
empfiehlt sich daher, nicht
mehr als drei Exemplare im
Miniteich einzusetzen, die
auch nicht zu groß sein
sollten.

Goldorfe

(Leuciscus idus)
Die Goldorfe ist etwas heller
Rot gefärbt als der Gold-
fisch, mit einem silbrig
glänzenden Bauch. Von
dem Schwarmfisch sollte
man jeweils mindestens drei
Exemplare in ein Becken
einsetzen. Ein schattiger
Standort ist vorzuziehen,
da er Temperaturen über
20 °C nicht verträgt. Bei
Streß springen die Tiere oft
über den Beckenrand und
verenden, wenn sie nicht
wieder rasch zurückgesetzt
werden.
Goldorfen ernähren sich
räuberisch von Insekten
und kleinen Fischen.
Dadurch bleibt ihre eigene
Vermehrung eingeschränkt.
Gleichzeitig wird die
Mückenplage wirkungsvoll
bekämpft. Ein weiterer
Pluspunkt: Sie gründeln
nicht und wirbeln keinen
wassertrübenden Schlamm
auf. Da sie für Miniteiche
sehr groß werden können,
sind kleinere Exemplare zu
bevorzugen.

Kardinalfisch

(Tanichthys albonubes)
Die buntschillernde, 4 bis
5 cm groß werdende Fisch-
art ist gut für kleine Teiche
geeignet. Weil er aus Asien
stammt, übersteht er höhere Wassertemperaturen,

sofern ausreichend Sauerstoff vorhanden ist. Im Winter muß man ihn ins Haus holen. Neben ihm sollte man keine andere Art in das Becken setzen.

Moderlieschen
(Leucaspius delineatus)
Dieser nicht mehr als 10 cm große Fisch ist am steil nach oben verlaufenden Mund und den blauen Längsstreifen deutlich zu erkennen. Er lebt nahe der Wasseroberfläche und ernährt sich von Insekten und deren Larven sowie von Algen. Der Schwarmfisch eignet sich gut für kleine Becken, lebt jedoch gerne in kleinen Gruppen. Außerdem braucht er dichten Pflanzenbewuchs oder andere Möglichkeiten zum Verstecken.

Paradiesfisch
(Macropodus opercularis)
Diese Art wird etwa 10 cm lang und fühlt sich in einem Temperaturbereich von 12 bis 24 °C wohl. Zu jeweils zwei oder drei Weibchen darf man leider nur ein farbenprächtig schillerndes Männchen einsetzen, weil sie sich nicht miteinander vertragen. Auch für den Paradiesfisch ist es wichtig, daß Versteckmöglichkeiten vorhanden sind.

Das Moderlieschen fühlt sich am wohlsten in einem dicht bepflanzten Becken mit guten Versteckmöglichkeiten.

Stichling
(Gasterosteus aculeatus, Pungitius pungitius)
Sowohl der Drei- als auch der Neunstachlige Stichling sind nicht sehr schwierig zu halten. Allerdings reagieren die 6 bis 9 cm großen Tiere etwas empfindlich auf zu warmes Wasser. Da das Männchen sein Revier ungern teilt, sollte man bestenfalls zwei Weibchen dazusetzen. Bei zusagenden

Bedingungen vermehren sich die Raubfische. Dann lohnt es sich, sie etwas genauer zu beobachten. Unter anderem, weil das Männchen seine Jungen im Maul „spazieren" trägt.

Sachgerechtes Einsetzen

Die Fische dürfen nur in einen eingewachsenen Teich gesetzt werden, nie in ein

Besonders prächtig: das Paradiesfisch-Männchen. Der Aquarienfisch kann den Sommer im Miniteich verbringen.

kahles Gefäß. Natürlich sollten die eingekauften Tiere absolut gesund sein, weil sie sonst den Umzug nicht sehr lange überleben. Da das Wasser in der Zoohandlung temperiert ist, müssen die Fische erst langsam an die neuen Bedingungen gewöhnt werden. Dazu wartet man mindestens bis Juni, wenn sich auch das Teichwasser einigermaßen erwärmt hat. Dann sollte man die Fische mitsamt dem Transportbehälter auf die Wasseroberfläche legen, wo sie sich im Laufe von einer Stunde akklimatisieren können – allerdings nicht bei direkter Besonnung. Erst danach sollten sie frei ins Wasser entlassen werden.

Der Stichling hat ein ausgeprägtes Revierverhalten.

Zusatzfütterung

Ob die Fische im Wasser genügend Insekten und andere Kleintiere finden, läßt sich nicht vorhersagen. Daher wird man vorsichtshalber zufüttern. Wenn das Futter aber nicht aufgenommen wird, gammelt es am Beckenboden vor sich hin und verbraucht dabei Sauerstoff. Ein Mangel dieses Lebenselixiers jedoch kommt unter anderem der Algenbildung entgegen. Es empfiehlt sich, nur einmal wöchentlich vorsichtig dosiertes Futter zu verabreichen. Die Futterteilchen sollten nicht zu grobkörnig sein, damit sie auch von kleinen Fischen aufgenommen werden können. Wer seine Raubfische mit frischem Lebendfutter versorgen will, besorgt sich am besten Wasserflöhe. Eventuell siedeln sich auch von selbst Kleintiere (Mückenlarven!) an. Wenn die Temperaturen unter 12 °C sinken, stellen die Fische ihre Nahrungsaufnahme ein. Natürlich darf dann nicht mehr gefüttert werden.

Medizin für kranke Fische

Im winzigen Lebensraum eines Miniteiches sind

Fische gegen Störungen anfälliger als sonst. Auch die Ansteckungsgefahr steigt.
Wenn sich die Tiere wackelig bewegen, wenn auf ihrer Haut Flecken auftreten oder gar Auswüchse an Flossen oder Kiemen, sollte man sich fachmännisch beraten lassen, am besten beim Lieferanten der Tiere.
Wenn die Fische mit Medikamenten behandelt werden sollen, empfiehlt es sich, dies in der Quarantäne eines eigenen Gefäßes zu tun. Auch die noch gesund erscheinenden Exemplare sollte man der Behandlung unterziehen, damit sie sich nicht wieder gegenseitig anstecken.

Überwintern

Weil in kleinen Behältern das Wasser über Winter durchfriert, müssen die Fische in Sicherheit gebracht werden. Meist fängt man sie dazu vor Winterbeginn heraus und siedelt sie in einem frostfreien Keller in ein anderes Gefäß um oder bringt sie sogar in einem Aquarium mit Unterwasserpflanzen unter.

Miniteiche pflegen

Je kleiner ein Teich, desto instabiler ist sein biologisches Gleichgewicht und desto anfälliger ist er gegen Einflüsse aller Art. Deshalb sollte man die geeigneten Maßnahmen mit großer Sorgfalt durchführen, um die gewünschte Ordnung aufrecht zu erhalten.

Ausputzen

Laub und andere Verunreinigungen, die vor allem im Herbst ins Wasser fallen, sind rechtzeitig abzufischen, bevor sie hier vermodern. Dabei verschmutzt das Wasser und beginnt zu stinken. Zusätzlich fördern die freiwerdenden Nährstoffe die Entwicklung der Algen. Abgestorbene und vertrocknete Pflanzenteile sollten regelmäßig mit der Schere herausgeschnitten werden. Wenn man sie lediglich mit der Hand ausreißt, kommt oft der gesamte Wurzelstrang zum Vorschein. Auch kranke Triebe sollten vorbeugend entfernt werden. Sichtbaren Schädlingen darf man nicht gleich mit Gift zuleibe rücken. Sie sollten besser einfach abgesammelt werden.

Wassernachschub

Wenn ein Miniteich der Sonne ausgesetzt ist, kommt es sehr rasch zu Verdunstungsverlusten. Damit dabei nicht die Pflänzchen austrocknen, ist rechtzeitig für Nachschub zu sorgen. Während warmer Sommerwochen sollte man daher täglich nachschauen. Zum Nachfüllen darf man in der Regel normales Leitungswasser verwenden. Damit die Pflänzchen keinen Kälteschock erleiden, wird es am besten in einem dunklen Behälter vorgewärmt oder zumindest langsam eingelassen.

Düngung

Sumpf- und Wasserpflanzen tendieren dazu, sich stark auszubreiten. Durch die natürlichen Prozesse finden sie auch meist ausreichend Nahrung. Von einem überhöhten Angebot profitieren in erster Linie die Algen. In einem Miniteich wird daher gar nicht oder bestenfalls sehr gezielt gedüngt. Wenn man sich an die Vorgaben gehalten und nur nährstoffarmes Substrat verwendet hat, kann es passieren, daß eine Pflanze kümmert und gelb wird. Seerosen in Pflanzkörben beispielsweise sind für solche Erscheinungen anfällig. Fehlen jegliche Hinweise auf andere Ursachen, dann – und nur dann – darf ausnahmsweise ein Dünger verabreicht werden. Im Fall der Seerosen bevorzugt man die im Handel erhältlichen Düngetabletten: Sie werden

Fadenalgen lassen sich aus einem Mini-Wassergarten leicht mit der Hand entfernen.

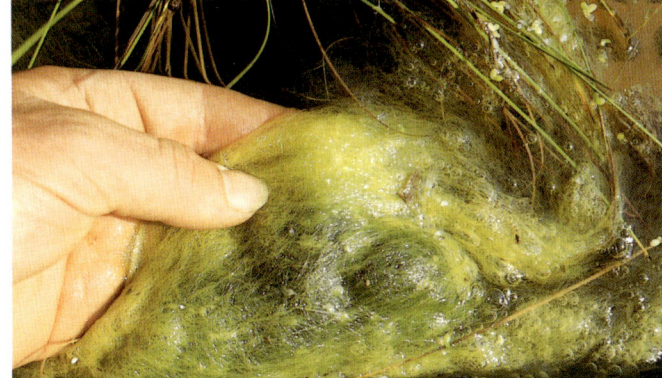

ins Substrat gesteckt, ohne direkten Kontakt mit den Wurzeln. Ist ein ganzes Gefäß betroffen, so kann man auch eine kleine Dosis Hornspäne ins Substrat mischen.

Probleme mit Algen

Kleine Teiche erwärmen sich rasch in der Sonne, wodurch der Sauerstoffgehalt sinkt und die Entwicklung der Algen gefördert wird. Mit verschiedenen Maßnahmen muß man versuchen, ihnen das Leben so schwer wie möglich zu

machen. Vollständig fernhalten lassen sie sich nicht. **Fadenalgen** treten in kalkhaltigem Wasser auf. Sie haften teilweise an einem Untergrund fest. Die frei schwimmenden Schleimfäden sammeln sich häufig an Blättern und Trieben, die aus dem Wasser ragen, während das restliche Wasser klar erscheint. Wenn der pH-Wert des Wassers abgesenkt wird, verschlechtern sich die Verhältnisse für die Algen. Das läßt sich zum Beispiel erreichen, indem man ein durchlässiges Säckchen mit

Torf mehrere Tage ins Wasser hängt. Im Fachhandel gibt es Huminsäure-Präparate, die denselben Zweck erfüllen. Meist allerdings genügt es, die Fadenalgen herauszufischen. Dabei muß man die Fäden sorgfältig von den Pflanzentrieben trennen, damit sie nicht mit herausgerissen werden. Die **Blau- und Grünalgen** sind im Gegensatz dazu frei schwebende Einzeller und sorgen für eine generelle Trübung des Wassers. Am stärksten entwickeln sie sich im Frühling; ihr massenhaftes Auftreten wird auch als „Wasserblüte" bezeichnet.

Vorbeugung gegen Nährstoff-Überschuß

Voraussetzung für die Massenentwicklung der Algen ist ein Nährstoff-Überangebot. Die Erneuerung des Wassers bringt nur eine kurzzeitige Erholung, weil die Nährstoffe normalerweise aus anderen Quellen stammen.
Schon das für die Wasserpflanzen verwendete Substrat hat entscheidenden Einfluß auf die Verhältnisse: Es sollte unbedingt nährstoffarm sein (siehe S. 13). Auch wenn eine Düngung nicht ganz ge-

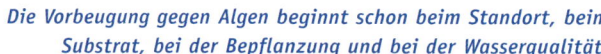

Die Vorbeugung gegen Algen beginnt schon beim Standort, beim Substrat, bei der Bepflanzung und bei der Wasserqualität.

zielt den Pflanzen zugute kommt, wird das Wasser unnötig mit Nährstoffen angereichert (S. 55). Fische verursachen in noch stärkerem Maße Verunreinigungen. Futterkörnchen, die man ins Wasser streut, werden nur in den seltensten Fällen restlos aufgebraucht (S. 54).

Andere Tiere wiederum wirken der Algenplage entgegen. Unsere Wasserschnecken-Arten, die Spitzschlamm-, die Posthorn- und die Sumpfdeckelschnecke, helfen durch ihre unersättliche Nahrungsaufnahme, das Überangebot abzubauen. Sie ernähren sich sogar zu einem guten Teil von den Algen selbst. Ein Übermaß an Schnecken wäre jedoch nachteilig: Wenn nichts anderes mehr da ist, machen sie sich auch über die Bepflanzung her. Teichmuscheln schließlich leisten einen wichtigen Beitrag zur Wasserreinigung, indem sie es laufend filtern.

Die meiste Arbeit bei den Miniteichen macht die frostfreie Überwinterung empfindlicher Pflanzenarten.

Gegenmaßnahmen

Um die Algen in Schach zu halten, empfiehlt sich der Einsatz bestimmter Pflanzenarten. Schwimmpflanzen, wie der einheimische Froschbiß, Wassernuß,

Muschelblume, Schwimmfarne oder Wasserhyazinthe (siehe S. 18/19), nehmen mit ihren Wurzeln die im Wasser gelösten Nährstoffe auf. Gleichzeitig vermindern sie den Lichteinfall und erschweren so die Existenz der Algen.

Auch Unterwasserpflanzen, wie Hornkraut, Nadelsimse Wasserhahnenfuß (siehe S. 21) und manche Laichkraut-Arten machen den Algen die gelösten Nährstoffe streitig. Außerdem sind sie wertvolle Sauerstoff-Produzenten. Chemische Präparate sollte

man von den empfindsamen Biotopen fernhalten. Nicht zuletzt deshalb, weil es für den Laien fast unmöglich ist, ein Algenmittel wirkungsgerecht zu dosieren. Andernfalls werden leicht die anderen Bewohner des Miniteichs in Mitleidenschaft gezogen.

Wasserpflanzen teilen und vermehren

Das Frühjahr ist nicht nur der beste Termin, um einen kleinen Wassergarten anzulegen, sondern auch zum Verjüngen der Pflanzen in

*Das Teilen der Seerosen ist erst nach einigen Jahren
sinnvoll und sollte im späten Frühjahr erfolgen.*

Die Überwinterung der Pflanzen

Das Volumen des Wassers wächst um etwa zehn Prozent, wenn es zu Eis gefriert. Befindet es sich während dieses Prozesses in einem Behälter, so kann dieser durch den Ausdehnungsdruck gesprengt werden. Entscheidend ist das Material des Behälters: Stein, Beton und Keramik sind völlig unflexibel und können daher bei der Vereisung zerspringen, ebenso kann dies bei einem Holzfaß geschehen. Kunststoff ist in dieser Hinsicht klüger – er gibt nach. Teiche in Gefäßen und Folien aus diesem Material dürfen im Regelfall dem Frost ausgesetzt werden und über

bestehenden Anlagen. Bei ungeschützt überwinterten Teichen sollte man mindestens bis Mai abwarten. Beim Teilen wird die Pflanze aus dem Substrat gehoben, damit man den Wurzelstock mit einem scharfen Messer schneiden kann. Bei dieser Gelegenheit können auch verfilzte Wurzeln entfernt werden.
Seerosen erfordern eine differenzierte Behandlung, unterteilt in Sorten mit kriechendem und solche mit stationärem Wurzelstock. Letztere werden wie üblich in nicht zu kleine Stücke geteilt und wieder senkrecht eingesetzt. 'Madame

Laydeker' beispielsweise oder 'William Falconer' hingegen gehören zu den Kriech-Sorten. Bei ihnen bleibt das Ende mit dem Austrieb ungestört erhalten und wird flach ins Substrat gelegt. Jungpflanzen werden nur vom hinteren Ende des Wurzelstocks geschnitten.
Manchmal ist es nötig, auch das Substrat aufzufrischen. In jedem Fall wird der vorhandene Untergrund gelockert, um bei Bedarf ein nährstoffarmes Substrat (siehe S. 13) beizufügen und die geteilten Wurzeln wieder einzusetzen.

TIP!

Wer einen Springbrunnen oder einen Bachlauf mittels einer **Pumpe** betreibt, muß diese über Winter vom Strom und ins Haus nehmen. Damit die Dichtungsringe nicht spröde werden, sollte man die Pumpe im frostsicheren Raum in einen wassergefüllten Eimer stellen.

Winter draußen bleiben. Deshalb ist es wichtig zu bedenken: Schon bei der Wahl des Gefäßes beziehungsweise seines Materials wird festgelegt, ob der Miniteich entleert und ins Haus geholt werden muß. Alle **tropischen Arten** müssen frostsicher überwintert werden. Zu den empfindlichen Arten gehören unter anderem das Brasilianische Tausendblatt oder die Wasserhyazinthe. Aber auch Seerosen sind unbedingt ins Haus zu bringen. Während zahlreiche Pflanzen leichte Fröste überstehen, müssen folgende Arten noch **vor dem ersten Minusgrad** in Sicherheit gebracht werden: Muschelblume, Wasserhyazinthe, Schwimmfarn, Feenmoos, Papyrus und Zimmer-Zypergras. Die **heimischen Sumpf- und Wasserpflanzen sind winterhart** – sie überstehen es schadlos, wenn sie bis zu den Wurzeln durchfrieren. Auch ein flaches, mit entsprechenden Arten bepflanztes Sumpfbeet darf deshalb im Freien überwintern. In geschützten Lagen oder im Weinbauklima drohen sowieso keine heftigen Fröste. Unter solchen Bedingungen ist die Überwin-terung kein schwerwiegendes Problem.

Schutzmaßnahmen im Freien

Manchmal genügt es, die Bildung einer zu starken Eisschicht zu unterbinden. Als Erste-Hilfe-Maßnahme kann man sich damit behelfen, den Wassergarten mit einem lichtdurchlässigen Material zu überdecken, mit Glas, Plexiglas oder Luftpolsterfolie. Letztere darf auch den ganzen Miniteich umhüllen, ohne ihn jedoch luftdicht abzuschließen. Zur Isolierung der Seitenflächen darf man ansonsten auf jedes beliebige Material zurückgreifen, bei freistehenden Gefäßen zum Beispiel auf Pappe. Flache, am Boden stehende Becken können mit Laub angehäufelt werden. Damit es dort dauerhaft liegenbleibt, muß man es jedoch zusätzlich beschweren. Die Stengel von hohen, aufrechten Pflanzenarten, wie Blutweiderich, Rohrkolben, Binsen, Seggen, Zypergras oder Schwertlilien, werden vor dem Winter nicht abgeschnitten, auch wenn sie bereits abgestorben sind. Durch die vertrockneten Halme findet nämlich ein Gasaustausch statt, der das Wasser unter der Eisdecke mit Sauerstoff versorgt. Von schwimmenden toten Pflanzenteilen hingegen sollte das Wasser vor dem Winter gesäubert werden.

Während Papyrus und Zimmer-Zypergras jeden Minusgrad scheuen, ist Cyperus longus winterhart.

Tragbare Miniteiche einräumen

So wichtig es ist, die Pflanzen und Gefäße vor dem Frost zu schützen – ein zu langer Aufenthalt im Haus ist eher nachteilig. Für das Gefäß genügt es, wenn man es erst mit Beginn des strengen Winters im November oder Dezember einräumt und etwa ab März schon wieder ins Freie bringt. Durch leichte Fröste kommt es nicht zu Schaden (aber einige Pflanzen – siehe S. 59).
Optimal für die Überwinterung wäre ein heller Raum mit Temperaturen zwischen 5 und 10 °C. Bei Temperaturen über 15 °C besteht die Gefahr, daß die Pflan-

zen verfrüht austreiben. Meist muß ein Kellerraum mit Lichtschacht oder eine frostsichere Garage mit Fenster für diesen Zweck genügen.
Wer einen Miniteich ins Haus räumen will, tut gut daran, vorher einen Teil des Wassers abzulassen. Am Überwinterungsplatz muß dann nicht wieder vollständig aufgefüllt werden – ein Wasserstand von etwa 10 bis 15 cm genügt für diesen Zeitraum.
Die Unterbringung in einem Wohnraum oder einem beheizten Wintergarten wird die Ausnahme bleiben. Denn die meisten Wasserpflanzen, vor allem die einheimischen, sind auf die winterliche Ruhephase bei

TIP!
Zur Reinigung des entleerten Gefäßes dürfen keine scharfen Reinigungsmittel verwendet werden. Bei der Wiederbepflanzung könnten die Rückstände Schäden verursachen. Besser ist es, die Wände mit einer Bürste zu säubern und mit klarem Wasser abzuwaschen.

niedrigen Temperaturen eingestellt. In der Heizungsluft muß außerdem darauf geachtet werden, daß Pflanzen und Erde nie völlig austrocknen.

Große Becken ausräumen

Auch unter den Miniteichen wird eine Vielzahl zu groß und zu schwer sein, um sie in irgendeinen Raum zu bringen. In diesen Fällen sind die Pflanzen einzeln auszuräumen und geschützt zu überwintern. Frostempfindliche Gefäße müssen vollständig entleert werden. Zusätzlich empfiehlt sich eine isolierende Schutzabdeckung.
Heimische Wasserpflanzen sind am einfachsten zu lagern. Beim Ausgraben sollte ein möglichst großer Wurzelballen erhalten blei-

Vertrocknete Pflanzenstengel werden erst im Frühling abgeschnitten, da sie die Belüftung des Wassers gewährleisten.

ben. Dann braucht man nur einen Eimer oder eine Wanne mit Bodensubstrat und Wasser. Bevor die Pflanzen provisorisch hineingesetzt werden, sollten sie vorher von abgestorbenen oder kranken Pflanzenteilen befreit werden. Einige Pflanzen wie der Froschbiß ziehen sich zur Überwinterung in kleine Sprosse zurück. Da diese im Schlamm nur schwer zu finden sind, empfiehlt es sich, einige Schäufelchen des alten Substrats ebenfalls in einer Wanne geschützt zu überwintern. Auf diese Weise bleiben oft auch verschiedene Kleintiere erhalten.

Das Brasilianische Tausendblatt kann zur Not sogar im Blumentopf auf der Fensterbank überwintert werden.

Wie überwintert man empfindliche Pflanzen?

Pflanzen, die keinerlei Minusgrade vertragen, sollte man bereits ins Haus bringen, sobald nachts die Temperaturen unter 8 °C absinken – spätestens aber vor dem einsetzenden Frost. Entsprechend werden sie auch erst nach Ende der Frostgefahr („Eisheilige") ins Freie gebracht. **Seerosen** vertragen leichte Fröste, denn die Blätter an der Wasseroberfläche ziehen im Herbst sowieso ein. Überwintert wird als Wurzelstock mit sogenanntem Unterwasserlaub. Diese Teile dürfen nicht durchfrieren.

Sitzt der Wurzelstock in einem Pflanzkorb, dann ist die Überwinterung ganz einfach: Man hebe den Korb aus dem Wasser, entferne absterbende Pflanzenteile und setze ihn wieder in eine wassergefüllte Wanne, die in einem frostsicheren Raum untergebracht wird. Eine Abdeckung mit einer dicken, feuchten Laubschicht verhindert die Austrocknung.

Das **Brasilianische Tausendblatt** (S. 24) läßt sich problemlos überwintern, indem man einzelne Triebe als Stecklinge abnimmt und in einen mit Erde gefüllten Topf setzt. Dann wird es mit den Blumen auf der Fensterbank gepflegt.

Muschelblumen, Wasserhyazinthen, Schwimmfarn und Feenmoos müssen – wenn überhaupt – hell und warm überwintert werden. Wenn sie am Fenster des beheizten Wohnraums stehen, darf man ihnen als Verpflegung auch ruhig ein wenig Dünger verabreichen. Bei den meisten Arten genügt es, einige wenige Pflanzen zu retten, weil sie sich dann im Teich wieder von selbst verbreiten. Auch Zypergras und Papyrus (S. 35) werden nach ihrem sommerlichen Freilandaufenthalt im Winter wieder als Zimmerpflanzen kultiviert.

Impressum

Ein Titelsatz für diese Publikation ist bei der Deutschen Bibliothek erhältlich

Es ist nicht gestattet, Abbildungen dieses Buches zu scannen, in PCs oder auf CDs zu speichern oder in PCs/Computern zu verändern oder einzeln oder zusammen mit anderen Bildvorlagen zu manipulieren, es sei denn mit schriftlicher Genehmigung des Verlages.

Augustus Verlag, München
2001
© Weltbild Ratgeber Verlage GmbH & Co. KG
Alle Rechte vorbehalten
Illustrationen:
  Manfred Lindner
Umschlaggestaltung:
  Vera Faßbender, München
Umschlagfotos:
  V. Oldag (Vorderseite),
  Redeleit (Rückseite)
Layout und Satz: gesetzt aus der Officina Serif 9,5/12 Punkt, von Vera Faßbender, Augustus Verlag
Reproduktion: Typework Layoutsatz & Grafik GmbH, Augsburg, Änderungen der Neuauflage: Uhl + Massopust, Aalen
Druck und Bindung: Offizin Andersen Nexö, Leipzig
Gedruckt auf umweltfreundlich chlorfrei gebleichtem Papier

Printed in Germany

ISBN 3-8043-7201-5

Bezugsquellen

Wasserpflanzen
Karl Wachter KG
25482 Appen-Etz

Stauden-Junge, Seeangerweg 1
31787 Hameln

Odenwälder Pflanzenkulturen
Kayser & Seibert
Wilhelm-Leuschner-Str. 85
64380 Roßdorf

Wasserpflanzen Kohle, Wiesen 4
– Bibisee, 82549 Königsdorf

Staudengärtnerei, Eckhard
Schimana, 86738 Deiningen

Erhard Oldehoff, Sieglmühle 2
94051 Hauzenberg

Teichbau – Zubehör
Plastoplan-renatur
24601 Ruhwinkel

Fa. Ubbink, 46395 Bocholt

Kirchner Gartenteich
Talblick 31, 65321 Heidenrod

Held-Aquaplan
Gottlieb-Daimler-Str. 5-7
75046 Gemmingen

Tetra-Werke, Postfach 15 80
49304 Melle

Fische
Fischzucht Hans Oster
Harsefelder Str. 5
21614 Buxtehude-Hedendorf

Fischfarm Baumgartner
Bachstr. 14
85354 Freising

Literatur

A. Jansen: Teichpflanzen einsetzen und pflegen, Gräfe & Unzer, München

Feryal Kanbay: Wassergärten schön gestalten, Naturbuch Verlag, Augsburg

Wolfram Kircher: Wasserpflanzen für den Garten, Ulmer, Stuttgart

Kohle/Sulzberger: Gartenteich und Bachlauf, Bechtermünz Verlag, Augsburg

Herbert W. Ludwig: Erlebnis Gartenteich, BLV, München

Peter Robinson: Traumhafte Wassergärten, Naturbuch Verlag, Augsburg

P. Stadelmann: Der große GU Ratgeber Gartenteich, Gräfe & Unzer, München

Bildnachweis

B. Kahl: S. 67, 69 u.; **F. Hecker:** S. 1, 22 o., 24 u., 25 o. und u., 26 u.r., 30 o., 36 o., 37 u., 68, 69 o., 70; **P. Himmelhuber:** S. 7, 10 o. und u., 52, 53, 71, 73, 75; **IPO-Bildagentur:** S. 8, 12, 13, 15 u., 16 alle, 17 u., 19 r., 20 o., 24 o., 40 u., 54, 55 o., 58, 72; **C. Kasselmann:** S. 34 u.; **M. Kirschner:** S. 17 o., 19 o. und u.,20 u., 21, 30 u., 32 o., 33 o., 34 o., 37 o., 40 o., 45 u., 57, 66, 77; **P. Klock:** S. 2; **R. König:** S. 31 u., 32 u.; **Laux:** S. 22 u., 23 o. und u.l., 26 o. und u.r., 27 beide, 34 l., 35 alle; **V. Oldag:** S. 11, 31 o., 43, 46, 47, 59, 76; **W. Redeleit:** S. 4, 45 o., 60; **H. Reinhard:** S. 5; **F. Strauß:** S. 6, 14, 15 o., 23 u.r., 33 o.r., 36 u., 42, 44, 50, 51, 55 u.

Register

Acorus calamus 24, 28
Ähriges Tausendblatt 21, 29
Algenwachstum 7, 19 f., 67,
 70, 72 f.
Alisma plantago-aquatica 32, 38
Amazonas-Schwertfarn 28, 42
Amerikanische Sumpfiris 31, 39
Amerikanisches Pfahlrohr
 23, 28, 43
Andromeda polifolia 38, 41
Aponogeton distachyos 26, 29
Azolla caroliniana 19, 28, 43

Bachbunge 30, 38
Bachlauf 49, 52, 74
Bachnelkenwurz 32, 38
Bacillus-thuringensis-Präparate 66
Beleuchtung 56 f.
Binsen 32, 38
Biologisches Gleichgewicht 6, 21,
 66, 71
Bitterling 68
Bittersüßer Nachtschatten 30
Blaualgen 72
Blaubinse 32
Blechnum spicant 38, 41
Blumenbinse 25, 28
Blutauge 23, 28
Blutweiderich 7, 32, 38 f.
Brasilianisches Tausendblatt
 26, 29, 43
Butomus umbellatus 25, 28

Calla palustris 31, 39
Callitriche palustris 22, 29
Calluna vulgaris 38, 40
Caltha palustris 36, 39
Carex 31, 35, 39
Carex acutiformis 35, 39
Carex elata 31, 39
Carex flava 35, 39
Carex grayi 35, 39
Carex muskin-gumensis 35, 39
Carex pseudocyperus 31, 39, 41
Ceratophyllum demersum 21, 28
Crassula recurva 34, 38
Cyperus alternifolius 43
Cyperus longus 27, 29
Cyperus papyrus 28, 43

Dactylorhiza maculata 38, 41
Drosera rotundifolia 39, 41
Duftpflanzen 63
Düngen 40, 71 f.

Echinodorus spec. 28, 42
Eichhornia crassipes 20, 29, 43
Eidechsenschwanz 23, 28
Einheimische Wasserpflanzen
 52, 64, 73, 75 f.
Eleocharis acicularis 21, 28
Eleocharis palustris 31, 39
Elodea canadensis 22, 29
Elritze 68
Erica tetralix 38, 40
Eriophorum spec. 39, 41
Euphorbia palustris 37, 39

Fadenalgen 71 f.
Feenmoos 7, 19, 28, 43
Fehlerstromschutzschalter 53, 57
Fertigteiche 9, 46, 57 f.
Fettkraut 38, 40
Fieberklee 30, 38
Filipendulina vulgaris 34, 38
Findlinge 45, 53
Fische 7, 64, 67
Fischfütterung 70
Fischkrankheiten 70
Flatterbinse 32
Fleischfressende Pflanzen 41
Folienteiche 9
Fontänen 45, 52, 56
Froschbiß 19, 28
Froschlöffel 7, 32, 38 f.
Frostschutz 9, 75 f.

Gauklerblume 32 f., 38
Gelbe Segge 35, 39
Gelenkblume 33, 38
Geum coccineum 32
Geum rivale 32
Glasgefäße 11
Glockenheide 38, 40
Goldfisch 68
Goldorfe 67 f.
Gottesgnadenkraut 33, 38
Gräser 7, 27, 32
Gratiola officinalis 33, 38
Grünalgen 72

Hechtkraut 14, 24, 28
Heidekraut 38, 40
Hibiscus moscheutos 36, 39
Hippuris vulgaris 25, 29
Holzfaß 8, 12, 48, 50, 52
Holzschutzmittel 12
Hornkraut 21, 28
Hottonia palustris 26
Houttuynia palustris 23, 28
Huminsäure-Präparate 72
Hydrocharis morsus-ranae 19, 28

Hydrocleys nymphoides 27, 29, 43
Hydrocotyle vulgaris 27, 29

Iris kaempferi 36 f., 39
Iris pseudacorus 26, 28
Iris sibirica 36 f., 39
Iris versicolor 31, 39

Japanische Sumpfschwertlilie 36 f.
Juncus compressus 32
Juncus effusus 32
Juncus ensifolius 32, 48
Juncus inflexus 32

Kalmus 24, 28
Kanadischer Reis 24, 28
Kardinalfisch 68
Kindersicherung 6 f., 47
Kleefarn 28
Knabenkraut, geflecktes 38, 41
Knollenbinse 32
Kokos-Pflanzkörbe 48, 59 f.
Köpfchenbinse 48

Leitungswasser 12
Lobelia cardinalis 33, 38
Lobelia fulgens 33, 38
Lobelia speciosa ‚Sweet' 33
Lobelie 33, 38
Ludwigia clavellina var.
 grandiflora 28, 43
Ludwigie 28, 43
Lysichton americanus 35, 38
Lysimachia nummularia 34, 38
Lysimachia thyrsiflora 30, 39
Lythrum salicaria 32, 38

Mädesüß, kleines 34, 38
Marsilea quadrifolia 28
Mentha aquatica 31, 39
Menyanthes trifoliata 30, 38
Mimulus luteus 33
Mimulus ringens 33
Moderlieschen 69
Molchschwanz 24, 28
Moorbeet 13, 38 ff., 62 f.
Moosbeere 38, 41
Morgenstern-Segge 35, 39
Mücken 20, 68, 70
Muschelblume 7, 19, 28, 43
Myosotis palustris 36, 39
Myosotis rehsteineri 37
Myriophyllum brasiliense 26, 29, 43
Myriophyllum spicatum 21, 29

Nadelkraut 34, 38
Nadelsimse 21, 28